安徽农业大学经济管理学院
安徽乡村振兴战略研究中心
安徽农业大学资源与环境经济研究所
安徽农业现代化研究院（安徽省重点智库）
安徽农业大学农科教结合研究中心（安徽省高校人文社会科学重点研究基地）

我国主要粮食补贴政策效应及调整完善研究

——基于“黄箱”补贴视角

刘鹏凌　著

中国农业出版社
北　京

序

洪范八政，食为政首。粮食既是国之根本，也是民之命脉。新中国成立以来，我国粮食生产不断迈上新台阶，由供给短缺转变为供求总量基本平衡，用占世界不足9%的耕地，养活了世界近20%的人口。虽然我国粮食产业取得了举世瞩目的成就，但仍要清醒认识到，结构性供求失衡、资源环境约束趋紧、粮农持续增收乏力、价格成本“双板”挤压等问题依然突出。加上新冠肺炎疫情影响余波未消、极端天气全球蔓延、贸易保护主义抬头等国际形势风云变幻，保障国家粮食安全的重要性更加凸显，“把饭碗端在自己手里，而且要装自己的粮食”仍是我国新时代新阶段需要解决的重大课题。

纵览全球，粮食补贴是各国政府保障粮食供给最主要，也是最常用的政策工具。改革开放40多年来，随着粮食购销、收储市场化改革推进及世界贸易组织（WTO）农业框架协议约束，我国粮食补贴政策大体经历了由粮食统购统销时期的消费者补贴（1993年之前）到粮食购销价格改革时期的粮食保护价制度（1993—2003年），以及以直接支付和以价格支持为核心的粮食生产者补贴（2004年至今）等三个阶段。毋庸置疑，补贴政策的持续调整在确保粮食稳产保供、维持种粮农民收益等方面发挥了积极的作用。但面临国内外形势环境的新变化、新问题、新挑战，我国粮食补贴政策体系仍需要进一步调整完善，以提高补贴政策效能、适应农业发展新常态，更好地服务农业供给侧结构性改革和乡村振兴战略实施。

刘鹏凌副教授长期关注农业补贴政策及其效果研究领域，本书是在其硕士论文和博士论文的基础上凝练、延续而成。研究从WTO农业框架协议下“黄箱”政策视角切入，在系统梳理我国粮食补贴政策演变趋势和分析粮食补贴政策效应机理的基础之上，运用翔实的统计数据和微观调查数据，测度了我国粮食产品“黄箱”支持水平及“微量允许”空间，分析了我国粮食补贴政策效应、粮食生产经营主体分化趋势、粮食供求与粮食安全警戒线、环境变化对粮食产业的冲击影响，总结了粮食补贴政策的国际经验，并以上述研究结论为主要依据提出了我国粮食补贴政策调整完善的策略。研究思路清晰、逻辑严密、方法科学，不仅为后续研究提供了非常有价值的理论基础，而且为政府有关部门制定完善农业补贴政策提供了决策依据。

刘鹏凌副教授长期从事农业经济理论与政策研究、产业经济理论与政策研究，先后主持了19项国家级、省部级课题，在国内知名学术刊物上发表了60余篇学术论文，有多项成果获得省部级奖励和省领导批示。本书既是他多年以来研究成果的凝练总结，也是他严谨扎实研究作风的具体表现，衷心希望他兢兢业业、奋斗不息，不断取得新的研究成果，对学术界、决策者产生更大的影响。

安徽农业大学经济管理学院教授、博士生导师　栾敬东

2020年9月于合肥

前　言

自2004年以来，我国先后实施了一系列粮食补贴政策，主要有两类：一类是直接支付政策，主要包括良种补贴、粮食直接补贴、农资综合补贴、农机购置补贴、目标价格补贴，以及对玉米和大豆生产者的补贴；另一类是价格支持政策，包括稻谷和小麦的最低收购价政策，以及大豆和玉米的临时收储政策。2004—2014年，直接支付总量一度加大，最低收购价格和临时收储价格一度提高，导致“黄箱”补贴水平和国内粮食销售价格一度呈上升趋势，2012年以后四大粮食作物的国内销售价格几乎都高于国际市场价格，国内粮食产业一度出现“产量增加、进口增加、库存增加”三量齐增现象。国内粮食补贴政策效能受到质疑，要求调整的呼声增大。随后，连续几年的中央1号文件对包括粮食补贴在内的农业支持保护制度高度关注，国家开始对粮食补贴政策进行调整：2014年，取消了大豆临时收储制度，在东北三省和内蒙古开展大豆目标价格改革试点；2015年，在安徽、山东、湖南、四川和浙江等五省开展农业“三项补贴”改革试点，将种粮农民直接补贴、良种补贴、农资综合补贴合并为农业支持保护补贴；2016年，玉米临时收储政策调整为“市场定价、价补分离”的补贴方式，早籼稻的最低收购价格首次下调；2017年，大豆目标价格政策调整为市场化收购加补贴的新政策；2018年小麦最低收购价开始下调。

在此期间，美国和欧盟等发达国家和地区也在对农业补贴政策进行调整，调整的方向是减少“黄箱”补贴政策对农业生产和农产品价格的扭曲作用，更加注重市场在农业资源配置中的作用。新一轮 WTO 农业谈判也基本形成这样的共识。美国 2014 年新农业法案更对农业补贴政策作出了重大调整，取消了固定直接补贴、反周期补贴和农作物平均收入选择项目等补贴措施，新设立了不与生产挂钩的价格损失保险计划（PLC）和农业风险保障计划（ARO）两个项目，“黄箱”补贴“绿箱”化的趋势比较明显。

显然，粮食产业的国内外环境正在发生重大变化，我国的粮食补贴政策体系还需要进一步调整完善，以适应国际政策形势的变化及农业发展新常态，促进农业供给侧结构性改革和乡村振兴战略实施，提高补贴政策效能。

对粮食补贴政策进行合理调整完善必须科学回答以下问题：我国粮食补贴政策效应究竟如何？我国粮食供求状况究竟怎样？粮食安全的底线如何定位？粮食生产环境发生了什么变化？环境变化对我国粮食产业到底产生了什么影响？未来我国粮食补贴政策调整完善的策略是什么？

为回答上述问题，本研究采用理论分析、规范分析和实证分析相结合并以实证分析为主的方法，基于“黄箱”补贴视角回顾我国实施的粮食补贴政策，阐明粮食补贴政策效应的机理，测度我国粮食产品“黄箱”支持水平、“微量允许”水平及政策剩余空间，研究我国粮食补贴政策效应、粮食生产经营主体分化趋势、粮食供求与粮食安全警戒线、环境变化对粮食产业的冲击，以及粮食补贴政策的国际经验，并以上述研究结论为主要依据提出我国粮食补贴政策调整完善的策略。研究成果对我国粮食补贴政策调整完善的实践具有指导作用，对相关部门作出有关粮食补贴政策调整完善的决策具有参考价值，对完善农业补贴理论具有理论价值。

目　　录

第1章 引　　言

本章介绍研究背景并提出问题，阐述研究目的及意义；在对国内外相关文献进行综述的基础上，介绍研究内容和方法，明确研究的创新与不足。

1.1 研究背景及问题提出

1.1.1 研究背景

自2004年以来，我国先后实施了一系列粮食补贴政策，主要有两类：一类是直接支付政策，主要包括良种补贴、粮食直接补贴、农资综合补贴、农机购置补贴、目标价格补贴，以及对玉米和大豆生产者的补贴；另一类是价格支持政策，包括稻谷和小麦的最低收购价政策，以及大豆和玉米的临时收储制度。2004—2014年，直接支付总量一度加大，最低收购价格和临时收储价格一度提高，导致“黄箱”补贴水平和国内粮食销售价格一度呈上升趋势。

近年来，美国和欧盟等发达国家和地区在对农业补贴政策进行调整，调整的方向是减少“黄箱”补贴政策对农业生产和农产品价格的扭曲作用，更加注重市场在农业资源配置中的作用。新一轮WTO农业谈判也基本形成这样的共识。美国2014年新农业法案更对农业补贴政策作出了重大调整，取消了固定直接补贴、反周期补贴和农作物平均收入选择项目等补贴措施，新设立了不与生产挂钩的价格损失保险计划和农业风险保障计划两个项目，“黄箱”补贴“绿箱”化趋势比较明显。

2010年、2011年和2012年，国际市场上大米、小麦、玉米及大豆的价格先后出现下降趋势，而国内粮食销售价格却在上升，2012年以后四大粮食作物的国内销售价格几乎都高于国际市场价格，国内粮食产业一度出现了“产量增加、进口增加、库存增加”三量齐增现象。国内粮食补贴政策效能受到质疑，要求调整的呼声增大。随后，连续几年的中央1号文件对包括粮食补贴在内的农业支持保护制度高度关注，国家开始对粮食补贴政策进行调整。

2014年，国家取消了大豆临时收储制度，在东北三省和内蒙古开展大豆目标价格改革试点。2015年中央1号文件提出要保持农业补贴政策的连续性和稳定性，充分发挥政策惠农增收效应，提高补贴的导向性和效能，适应农业发展新常态。紧接着，财政部、农业部联合出台了《关于调整完善农业三项补贴政策的指导意见》，明确要求在稳定加大农业补贴力度的同时，逐步完善农业补贴政策，改进农业补贴方法，提高农业补贴政策效能。2015年，选择安徽、山东、湖南、四川和浙江等五省开展改革试点，将农作物良种补贴、粮食直接补贴和农资综合补贴等“三项补贴”合并为农业支持保护补贴。一方面，将80%的农资综合补贴存量资金，加上粮食直接补贴和农作物良种补贴资金，用于耕地地力保护；另一方面，将20%的农资综合补贴存量资金，加上种粮大户补贴试点资金和农业“三项补贴”增量资金，用于支持粮食适度规模经营。同年，国家下调了玉米的临时收储价格。随后，2016年中央1号文件明确提出“将种粮农民直接补贴、良种补贴、农资综合补贴合并为农业支持保护补贴，重点支持耕地地力保护和粮食产能提升”。同年，玉米临时收储政策调整为“市场定价、价补分离”的补贴方式，早籼稻的最低收购价格首次下调。2017年中央1号文件提出：“进一步提高农业补贴政策的指向性和精准性，重点补主产区、适度规模经营、农民收入、绿色生态。深入推进农业‘三项补贴’制度改革。完善粮食主产区利益补偿机制，稳定产粮大县奖励政策，调整产粮大省奖励资金使用范围，盘活粮食风险基金。完善农机购置补贴政策，加大对粮棉油糖和饲草料生产全程机械化所需机具的补贴力度。”同年，大豆目标价格政策调整为市场化收购加补贴的新政策。在启动实施乡村振兴战略的背景下，2018年中央1号文件提出：“以提升农业质量效益和竞争力为目标，强化绿色生态导向，创新完善政策工具和手段，扩大‘绿箱’政策的实施范围和规模，加快建立新型农业支持保护政策体系。深化农产品收储制度和价格形成机制改革，加快培育多元市场购销主体，改革完善中央储备粮管理体制。通过完善拍卖机制、定向销售、包干销售等，加快消化政策性粮食库存。落实和完善对农民直接补贴制度，提高补贴效能。健全粮食主产区利益补偿机制。”同年 7 月，国家发展和改革委员会通知，在东北三省和内蒙古调整大豆目标价格政策，实行市场化收购加补贴的新机制。2019 年中央 1 号文件再次提出：“按照增加总量、优化存量、提高效能的原则，强化高质量绿色发展导向，加快构建新型农业补贴政策体系。按照适应世贸组织规则、保护农民利益、支持农业发展的原则，抓紧研究制定完善农业支持保护政策的意见。调整改进‘黄箱’政策，扩大‘绿箱’政策使用范围。按照更好发挥市场机制作用取向，完善稻谷和小麦最低收购价政策。完善玉米和大豆生产者补贴政策。”在新冠疫情暴发的背景下，2020 年中央 1 号文件提出：“粮食生产要稳字当头，稳政策、稳面积、稳产量。进一步完善农业补贴政策。调整完善稻谷、小麦最低收购价政策，稳定农民基本收益。推进稻谷、小麦、玉米完全成本保险和收入保险试点。加大对大豆高产品种和玉米、大豆间作新农艺推广的支持力度。”

显然，粮食产业的国内外环境正在发生重大变化，我国的粮食补贴政策体系仍然需要进一步调整完善，以适应国际政策环境的变化及农业发展新常态，促进农业供给侧结构性改革和乡村振兴战略实施，提高补贴政策效能。

1.1.2 问题提出

对粮食补贴政策进行合理调整完善必须科学回答以下问题：我国粮食补贴政策效应究竟如何？我国粮食供求状况究竟怎样？粮食安全的底线如何定位？粮食生产环境发生了什么变化？环境变化对我国粮食产业到底产生了什么影响？未来我国粮食补贴政策调整完善的策略是什么？本书基于“黄箱”补贴视角研究上述问题。

1.2 研究目的及意义

1.2.1 研究目的

本研究基于“黄箱”补贴视角回顾我国实施的粮食补贴政策，阐明粮食补贴政策效应的机理，测度我国粮食产品“黄箱”支持水平及“微量允许”空间，研究我国粮食补贴政策效应、粮食生产经营主体分化趋势、粮食供求与粮食安全警戒线、环境变化对粮食产业的冲击，以及粮食补贴政策的国际经验，并以上述研究结论为主要依据提出我国粮食补贴政策调整完善的策略。

1.2.2 研究的实用价值和理论意义

本研究提出我国粮食补贴政策调整完善的策略，对我国粮食补贴政策调整完善的实践具有指导作用，对相关部门作出有关粮食补贴政策调整完善的决策具有参考价值。本研究阐明粮食补贴政策效应的机理，构建粮食刚性需求与粮食安全警戒线理论模型，提出粮食自给底线和警戒线测度方法，对完善农业补贴理论具有理论价值。

1.3 概念界定及文献综述

1.3.1 相关概念界定

（1）农业补贴政策。农业补贴政策是政府对农业生产、流通和贸易进行转移支付的农业支持和保护政策，是政府通过行政干预将资源转移到农业领域以支持本国农业发展的重要手段。WTO《农业协议》将农业补贴政策分为“绿箱”政策、“黄箱”政策和“蓝箱”政策三大类。

（2）粮食补贴政策。粮食补贴政策是政府对粮食生产、流通和贸易进行转移支付的农业支持和保护政策，一般来说，粮食补贴政策的主要目标有：一是实现粮食的供求平衡（既包括总量平衡，又包括结构平衡），二是保证粮食生产经营主体有相对满意且公平的收入水平，三是促进粮食生产的可持续发展，等等。

本书所指的粮食补贴政策是指我国加入 WTO 后实施的属于“黄箱”补贴范畴的粮食补贴政策，包括直接支付政策和价格支持政策。

1.3.2 国内外相关文献综述

（1）国外文献综述。国外关于粮食补贴政策的研究主要体现在以下七个方面：

①粮食补贴与生产要素投入。Gary 等（2001）基于美国 1997—2000 年 11 个州农业生产数据的实证分析表明，生产灵活性合同及市场损失援助政策有助于增加农作物种植面积。Becker 等（2014）运用动态面板数据分析了美国脱钩支付政策对籼稻种植面积的影响，发现这些政策条款对籼稻种植面积影响巨大，甚至超出了生产要素投入的作用；2014 年美国新补贴标准的制定有利于减少之前政策对农业生产的扭曲效应。El－Osta 等（2003）认为直接补贴额度越高，农户非农就业的时间越趋向于缩短。Pandit 等（2013）对比运用参数和半参数方法研究粮食补贴是否影响劳动分配的决定，发现农场直接补贴影响农场家庭非农劳动力的供给。Galanopoulos 等（2011）采用数据包络分析的方法对希腊一个游牧农场进行样本分析，研究表明，在整体技术效率很低的条件下，直接补贴对小规模农场的补贴效果要好于对大农场的补贴效果。

②粮食补贴与粮食安全。Raina 等（2002）认为粮食生产技术、价格保护和补贴政策体现了谷物集中种植区的粮食安全战略。Séan（2012）研究表明，农业补贴不一定有利于生物多样性和农民收入增加，却是应对全球粮食需求日益增长挑战的必然选择。

③粮食补贴与生产效率。Jayne 等（2013）研究了农业投入补贴在非洲农业发展战略中的作用，发现肥料补贴等农业投入补贴有利于农业增长和脱贫，对提高肥料利用率，实施农业集约化战略意义重大。Rashid 等（2013）比较了撒哈拉以南非洲地区与亚洲四个谷物种植量不断增长的国家（孟加拉国、印度、印度尼西亚和巴基斯坦）农业补贴政策的特点，发现农业基础投资等针对性的转移支付更有利于农业生产率增长。Martin 等（2014）根据 2001—2009 年数据分析得出，农业补贴在很大程度上起到保持农业工作岗位的作用，脱钩补贴政策中对草原的支持补贴可能会延缓草原地区就业结构的变化。

④粮食补贴与环境保护。Mccarl 等（1996）研究发现，植树补贴代替农业补贴适用于更多国家。Eppel（1999）研究指出农业补贴政策有利于可持续发展和环境改善。Jackson（2002）认为政府补贴是一种经济失败行为，未来发展可持续农业能摆脱当前土壤肥力逐渐下降、资源日益枯

竭的困境。Gottschalk 等（2007）观察发现基于生产水平的价格补贴政策及收入补贴政策对德国一个农业强度较低地区生物多样性产生了影响。Vitalis（2007）研究了新西兰于 20 世纪 80 年代取消农业补贴政策对农业可持续发展的影响，认为扭曲经济的补贴政策对环境产生了负面影响。Abman 等（2020）研究发现增加农业补贴可以提高马拉维当地的农业生产力，进而减少当地的森林砍伐，对环境产生正面影响。

⑤粮食补贴的负面效应。Johannessen（2004）认为发达国家过度的补贴和贸易壁垒影响发展中国家数百万人的创收能力，双重标准政策制定只对发达国家自身有益。Franck 等（2013）研究发现，农业补贴政策有“加剧肥胖”的趋势。Traci（2016）认为农业补贴虽然为农民提供了足够的收入以维持其继续经营，但直接补贴的增加会给大农场带来一笔意外之财，造成社会不公平，也使土壤耕作系统更加脆弱。Lora（2013）批评了 2013 年美国众议院未能通过农业法案这一失败的事实，指出该事件否定了农村地区农民的利益和经济增长。Vranken 等（2013）分析了对六个欧盟成员国实施土地租金直接付款（DPs）政策的影响，研究发现 25%的土地直接付款用于土地租金的资本化，另外，更高的资本化程度出现在信贷受限的市场，而在土地更多被企业农场使用的地区 DPs 资本化程度低，这也反映出企业农场更高的议价能力及获取补贴的不公平性。

⑥农业补贴政策调整。Hagstrom（2013）宣布众议院考虑在农业法案中限制农业补贴，实施环保合规和农作物保险制度。印度也正在削减磷肥和钾肥的补贴以减少财政赤字（Anonymous，2013）。Shearer 等（2015）指出在 WTO 的政策压力下，肯尼亚同意逐步取消农产品补贴和限制农产品出口信贷。Trinugroho 等（2011）对印度尼西亚基于成本结构分析的粮食补贴效率进行了文献综述，并确定了可行性成本补贴的分界点。Esmaeili 等（2013）运用可计算的一般均衡（CGE）模型分析了粮食补贴改革对家庭福利和政府支出等的影响，提出应改变现有粮食补贴计划，增加农产品出口，减少非农产品出口。Yusuke（2015）指出国际货币基金组织和世界银行一再批评约旦的粮食补贴是一种低效率的扶贫计划，约旦最终接受世界银行的政策帮助，废除了粮食补贴政策，但 2005 年约旦又重新制定了补贴政策。

⑦粮食补贴的其他研究。Rigoberto 等（2003）分析影响农业补贴的竞选捐款问题，研究结果表明，虽然竞选捐款不是影响农业补贴的唯一因素，但其影响巨大，1 美元竞选捐款能够带来约 2 000 美元的政策转移支付；取消竞选捐款将显著减少农业补贴，伤害农业主体利益。Cong 等（2012）评估了当时欧盟的农业补贴政策，发现几个导致政策效率低下的原因，包括低效的农民收入支持、保障食品安全、不合理的转移支付、消极的环境保护等，在当时的税收补贴系统中，存在不可避免的“逆向再分配”，几种不同的补贴系统（纯贷款、收成税、收入贷款）被提出以提高补贴发放的效率。Patrick（2013）分析了政策在食品安全、农业补贴、能源消耗和环境等领域相互作用的困境，指出斯里兰卡的农业和食品行业是与全球经济和世界市场相互关联的，这种“全球本土化”现象对斯里兰卡的农业和粮食出口补贴政策产生了影响。

（2）国内文献综述。

①关于粮食安全的研究。粮食安全始终是关系国民经济发展、社会稳定和国家自立的全局性重大战略问题，粮食安全问题受到大众的关注，始于 1972 年世界粮食危机的暴发。目前学术界关于粮食安全的研究主要体现在以下两个方面：

其一，粮食安全的界定。联合国粮食及农业组织（FAO）于 1974 年首次对粮食安全进行界定：“保证任何人在任何时候都能得到为了生存和健康所需要的足够食物。”该定义仅强调食物充足的重要性。FAO 于 1983 年重新定义了粮食安全：“粮食安全的最终目标是确保所有人在任何时候既能买得到又能买得起他们所需要的基本食物。”该定义在强调粮食充足供给的同时，还强调了粮食供应链的稳定及人们购买粮食的能力。1996 年，FAO 在《粮食安全罗马宣言》中对粮食安全作了第三次表述，即“只有当所有人在任何时候都能够通过实际的、经济的方式获得足够、安全、富有营养的食物来满足其积极健康的膳食需要及食物喜好时，才实现了粮食安全”。该定义拓宽和丰富了粮食安全的内涵，是目前学术界普遍接受的定义。

其二，粮食供需研究。粮食供给受土地、劳动、资本、技术等生产要素投入及国家政策的影响。尹成杰（2005）研究表明，粮食播种面积每增加1%，促进粮食增产0.088%。陈薇（2006）调研发现，受惠农政策的影响，近40%的农户预期未来粮食生产会得到政府更多的支持，从而产生较高的种粮积极性，选择扩大种粮面积。张宁等（2006）通过随机前沿分析技术，研究了中国农村劳动力素质对农业生产效率的影响，结果表明农村劳动力素质变化对农业生产效率具有显著性的正向影响。宋小青等（2012）认为农民种粮积极性决定的耕地集约利用是影响粮食安全的关键，而提高积极性的决定因素是粮价的提高。随着中国工业化、城镇化的快速发展及人口不断增加和人民生活水平的大幅度提高，粮食消费需求将呈刚性增长（崔亚平，2011）。马晓河等（2008）实证分析表明，1985—2005年我国城市化率每提高1%，城镇和农村人均口粮消费量分别减少3.81%和0.89%。李国祥（2014）基于2006—2012年我国粮食消费量估算2013—2020年我国粮食消费需求，结果表明，全国农村居民口粮消费总量将由2003年的1亿吨下降到2020年的7 000万吨左右，2020年我国城镇居民直接消费的口粮原粮在1.0亿～1.1亿吨，而饲料粮消耗将增加至4亿吨左右。李珊珊等（2019）研究认为，我国粮食供需仍存在较大缺口，其中结构性缺口问题更加严重；未来粮食产需变化趋势主要受到工业用粮和饲料用粮的影响。

②关于直接支付政策的研究。直接支付政策主要包括粮食直接补贴政策、农资综合补贴政策、良种补贴政策、农机购置补贴政策、目标价格补贴政策和农业支持保护补贴政策。

粮食直接补贴政策。自粮食直接补贴政策实施以来，众多学者密切关注该政策的实施效果。杨秀琴（2007）研究认为粮食直接补贴克服了保护价收购政策中农业补贴资金容易在流通环节中流失的弊端，对提高我国粮食产量具有显著的促进作用，能够对粮食生产产生长远的导向作用。臧文如（2010）实证分析表明，生产性专项补贴政策优于综合性收入补贴政策，粮食直接补贴在四项直接补贴政策中效果最差，很难有效促进粮食增产。黄季焜（2011）认为粮食直接补贴的确提高了农民收入，但对粮食播种面积与农资投入几乎没有产生影响，也没有产生市场扭曲，其本质是一个收入转移的政策项目。郭春丽（2010）和赵昕（2013）也认同粮食直接补贴增加了农民收入，但他们认为这种增收效应并不明显，粮食直接补贴难以成为农民增收的主要手段。

农资综合补贴政策。崔奇峰等（2013）通过对河南省固始县农资综合补贴实施现状进行调查发现，农资综合补贴政策难以弥补生产资料价格的上涨，对农业生产的作用有限，对农民收入的贡献虽然不断加大，但比重仍然较小。与崔奇峰的结论相反，魏茂青（2013）对福建省农资综合补贴效果进行研究发现，农户关于农资综合补贴政策的评价对农户生产决策的影响是显著的，农资综合补贴政策对粮食增产、农户收入增长具有显著影响。

良种补贴政策。王姣和肖海峰（2007）基于实地调研，利用实证数学规划模型对良种补贴政策效果进行分析，结果表明，良种补贴对农户收入有积极影响。李谷成等（2014）基于生产效率视角，从增产、增收、增效和技术推广四个维度对我国油菜主产区油菜种植户良种补贴政策实施效果进行实证评价，结果表明，良种补贴政策和补贴金额的增加均能显著提高技术效率，对油菜生产效率提高起到一定促进作用，但针对具体不同政策目标，政策效果存在差异。同时，良种补贴政策还存在补贴程序烦琐、运营成本过高、良种补贴时间安排紧张、良种补贴标准偏低、政策滞后性等问题（杨红旗，2009；冷博峰，2011）。

农机购置补贴政策。王姣等（2007）运用实证数学规划模型对农机购置补贴政策效果进行实证分析，结果表明，农机购置补贴对各种规模农户的粮食产量都具有正向影响作用，且农户规模越小，补贴对粮食产量增加的促进效果越明显，但总体作用效果都不大。洪自同等（2012）实证分析了福建省农机购置补贴政策对农户粮食生产行为的影响，研究表明，农户对农机购置补贴政策的满意度越高，其越倾向于扩大水稻种植面积。刘宁（2012）从我国农机购置补贴政策实施的特点出发，分析了农机购置补贴对粮食生产成本收益的影响及其面临的主要问题，认为农机购置补贴政策的实施改变了粮食生产成本构成，提高了粮食生产收益。在对农民收入的影响方面，颜玄洲等（2011）以江西省为例，实证分析了农机购置补贴政策对农民收入的影响，结果表明，实施农机购置补贴政策能有效促进农民增收。韩剑锋等（2010）也指出，无论是粮食主产区还是非粮食主产区，农机购置补贴政策均对农民收入有着显著影响，但发达地区中央财政农机购置补贴支出对农民收入的影响较小，而欠发达地区影响较大。

目标价格补贴政策。农产品目标价格补贴政策于2014年试点实施，粮食作物中仅包括大豆，研究的核心是目标价格的确定和政策效果评价。主流定价法把农产品目标价格分为两个部分，即既定的成本与合理的利润，分别测算某一农产品的生产成本和合理利润区间，并进行加总，得到目标价格（李林茂，2011；徐雪高，2013）。非主流定价法避开了对商品价值计算的复杂性及不可能性，伍世安（2012）基于农产品目标价格补贴政策的政策目标，从保障国家粮食安全、均衡城乡居民收入、协调现货期货价格、衔接国际国内粮价、稳定物价五个方面对大豆目标价格进行了拟合，刘鹏凌等（2015）则提出以农户预期价格作为农产品目标价格的定价标准或依据。王文涛等（2015）分析表明，大豆目标价格补贴政策的目标价格市场信号作用有限，大豆播种面积并未出现恢复性增长，农户的种植意愿呈现继续下降趋势，并且按面积补贴的政策，间接引起了土地流转成本的增加，大豆生产成本有上涨压力。贺超飞等（2018）分析认为政策试点区豆农会根据种豆收益预期来对大豆播种面积进行调整，收益预期高，则会增加大豆的播种面积，反之，则会减小大豆的播种面积；对大豆目标价格政策进行评估后发现，大豆目标价格低于大豆和玉米之间比价所推算出的价格水平。胡迪等（2019）分析表明大豆目标价格补贴政策对试点区大豆播种面积产生负向影响，原因是大豆的比较收益低于玉米等其他粮食作物之间的比较收益，需要合理提高大豆目标价格，从而提升试点区的大豆播种面积。

农业支持保护补贴政策。农业支持保护补贴政策于2015年在安徽、山东、湖南、四川和浙江等五省的部分县（市、区）开展试点，农业支持保护补贴取代原有的农业“三项补贴”，2016年开始在全国推广。黄思思（2017）和王峰（2017）认为原有的“三项补贴”政策属于普惠机制，补贴的目标、补贴的标准、补贴的方式、补贴的政策和补贴的方向都存在问题，要改变原有“三项补贴”的普惠机制，不能简单地把补贴发给土地承包户，要与种植规模进行挂钩，补贴资金要向专业大户等规模生产经营主体倾斜。周净等（2019）认为农业支持保护补贴对适度规模经营的生产经营主体的激励作用最强。易小兰等（2020）认为农业支持保护补贴能够促进规模生产经营主体增加水稻、小麦和玉米的播种面积。

③关于粮食价格支持政策的研究。粮食价格支持政策主要包括最低收购价政策和临时收储政策。

最低收购价政策。粮食最低收购价政策的实施对提高粮食产量、保障农民收益及抵御国际粮价大幅上涨对我国粮食市场的冲击等发挥了一定的作用。但随着粮食供求形势的变化，粮食最低收购价的消极影响逐渐凸显，成为学者们关注的焦点。刘鹏凌（2005）提出当最低收购价格高于销售价格时，会引起粮食的库存增加，应慎重使用最低收购价政策。顾和军（2007）和朱志刚（2006）认为，那些靠提供劳动力获得务农收入者的收入受最低收购价政策的影响非常小，且该政策存在对市场价格的扭曲效应、流通环节“暗补”的效率损失和托市收购对市场供求调节的滞后效应等问题，应立即取消。贺伟（2010）分析表明，最低收购价格政策维持、提高或扭曲了粮食的正式市场价格，导致粮食加工业的原料成本上升加快，不利于加工企业发展，并且国有粮食收储企业“旱涝保收”，改革的动力减弱。兰录平（2013）主要分析了政策设计和政策执行中存在的问题，如责任主体与粮食收购主体分离，最低收购价形成机制未明确，粮食品种差价不合理，执行主体和委托收购库点关系不顺等。另外，还有学者指出最低收购价会加大我国粮食仓储压力，加剧粮食顺价销售难度和政府财政压力等（彭建霞，2014）；李波（2016）和陈会玲等（2019）认为粮食最低收购价政策需要细化，同时要进行市场化改革，完善等级差别机制；王刚等（2019）认为最低收购价格只是起到稳定粮食价格和维护农户基本福利的作用。

临时收储政策。临时收储政策于2008年开始实施，粮食作物中主要针对大豆和玉米。多数学者在肯定玉米临时收储政策的积极效应的同时，也指出其衍生的问题。徐志刚（2010）认为国家玉米临时收储政策取得了较为明显的积极效果，但也暴露出一些不容忽视的问题，如导致市场出现反常现象，加剧玉米加工企业经营困难等。随着该政策继续实施，问题越来越凸显，2015年玉米临时收储价格出现首次下调，赵轶阳（2015）认为这意味着为应对玉米临时收储政策带来的各种问题，国家对玉米市场的宏观调控政策出现新的变化，是国家在综合考虑国内外市场供求格局和价格、统筹兼顾各方面利益后作出的决策，让临时收储玉米价格尽量贴近市场，引导粮食价格回归市场。大豆临时收储政策实施后，问题也愈加突出。胡越（2014）认为随着大豆收储量的不断增加，高额的库存成本给财政带来较大压力，在缺乏有效边境措施保护的情况下，国内外差价拉大进一步导致大豆进口量增加。大豆临时收储政策使我国大豆市场面临两难问题，即继续提高临时收储价格，必然进一步加大进口压力，国内收储量将大幅增加，财政负担将越来越重；如不提高临时收储价格，价格上涨跟不上生产成本上涨速度，势必影响农民增收和国内农业生产，使自给率下降（王向阳，2014）。关于玉米临时收储政策取消的原因及“价补分离”政策的实施效果，部分学者也开展了相关研究并得出了较多有益成果，主要观点包括：玉米临时收储政策阻止了玉米价格下跌，对稳定政策实施区域玉米生产的效果显著，但制约了市场正常功能发挥（徐志刚等，2010），引发的高库存、进口量激增等问题突出（程国强，2016），政策负面效应超过了正面效应（顾莉丽等，2017）。玉米临时收储政策导致玉米价格形成机制和市场竞争力扭曲和削弱，而“价补分离”政策有利于解决玉米库存过高和国内外价差较大等问题（周圣钧等，2017），政策实施在短期内对农户种植结构的调整有促进作用（余志刚等，2018；隋丽莉等，2018），但对农户增收存在抑制作用（高璐，2018）；政策实施缓和了国际市场的冲击，减轻了财政负担（李国祥，2017）；玉米补贴政策对玉米产量（周振亚等，2017）和播种面积有影响，临时收储政策实施第一年对玉米总产量、播种面积有很强的负向影响，但第二年呈现出正向影响（阮荣平等，2020）。

④关于粮食补贴政策调整完善的研究。姜长云等（2014）基于谷物自给与日韩经验的借鉴研究认为：“我国未来粮食政策的完善，应根据政策目标的重新设定进行相应调整；加快最低收购价和粮食收储制度改革已经日趋迫切。”冯海发（2015）认为农业补贴政策急需从“黄箱”政策向“绿箱”政策转变，从而遵守 WTO《农业协议》关于农业补贴政策的规定，同时要将以往功能重复的补贴种类进行合并，依据产量和播种面积来确定补贴发放的依据，将新型农业经营主体纳入补贴，再配合最低收购价格制度和目标价格制度，提高补贴政策的效果和明确补贴政策的指向性。

陈锡文（2016）提出粮食价格支持政策的改革方向是“价补分离，市场定价”，并强调粮食政策改革要保护农民利益。程国强（2016）提出我国粮价改革的要点及思路是逐步退出粮价支持政策的市场扭曲机制，配套实施“种粮收益补贴”，创新粮食市场调控体系。

（3）文献评述。国外关于粮食补贴政策的研究多包含在农业补贴政策体系框架内，且由于国外农业补贴政策实施年限长，相关研究内容较为丰富，不仅涉及粮食补贴政策效果的评估、调整等方面，还涉及农业补贴政策的环境效益、社会福利等方面。而国内关于粮食补贴政策的研究主要集中在补贴效果的评估方面，一方面是综合对比分析各种粮食补贴政策的效果，另一方面是对某一补贴政策实施的效果进行研究。效果分析主要针对粮食补贴政策的产量效应和收入效应，对补贴政策产量效应的分析主要从播种面积、劳动力投入、农资投入等生产要素投入的变化入手。对粮食补贴政策调整完善的研究主要集中在政策调整的方向和思路方面。上述文献为本研究提供了丰富参考资料和分析方法，但对我国“黄箱”补贴政策进行全面分析的研究仍然缺乏。本研究将基于“黄箱”补贴视角，对我国主要粮食补贴政策的效应进行全面评估，综合分析多种因素，研究我国粮食补贴政策调整完善的策略。

1.4 研究内容和研究方法

1.4.1 主要研究内容

本书在综合分析当前粮食补贴政策效应、WTO规则制约、产业内因素及外部环境变化对粮食产业影响的基础上，紧紧围绕新型国家粮食安全战略，借鉴国际经验，提出我国粮食补贴政策调整完善的策略。主要研究内容有：①WTO框架下我国粮食补贴政策回顾；②粮食补贴政策的理论分析；③我国粮食产品“黄箱”支持水平及“微量允许”空间测度；④我国粮食补贴政策效应的实证分析；⑤我国粮食生产经营主体分化研究；⑥我国粮食消费需求与自给状况分析；⑦粮食需求刚性与粮食安全的警戒线分析；⑧环境变化对我国粮食产业的冲击；⑨粮食补贴政策调整的国际经验；⑩我国粮食补贴政策调整完善的原则与策略。

1.4.2 研究方法及技术路线

主要采用理论分析、规范分析和实证分析相结合并以实证分析为主的方法，理论分析主要采用经济学均衡分析方法和演绎分析方法，实证分析中较多运用比较分析和计量模型分析，局部研究采用调查研究和案例分析方法，规范分析主要用于粮食补贴政策调整完善策略研究。本书的技术路线如图 1－1 所示。

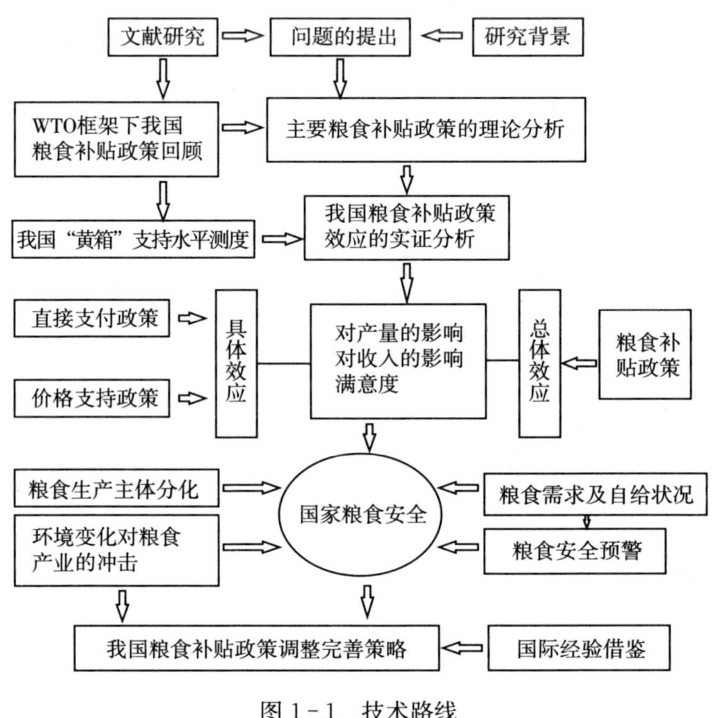

图 1－1 技术路线

1.5 创新与不足

1.5.1 创新之处

本研究可能的创新在于：①思路方面，在综合分析当前粮食补贴政策效应、WTO 规则制约、产业内因素及外部环境变化对粮食产业影响的基础上，紧紧围绕新型国家粮食安全战略，借鉴国际经验，提出我国粮食补贴政策调整完善的策略，有一定创新；②理论方面，提出了粮食需求刚性理论和粮食自给率的底线和警戒线理论，目前没有类似的研究成果；③实证研究方面，通过问卷调查，并建立计量模型分析种粮大户成立新型粮食生产经营组织的影响因素，以及建立计量模型分析玉米补贴政策效应，当前相关的研究成果不多见。

1.5.2 不足之处

本研究的不足之处在于：①由于时间序列较短，虽进行无数次尝试，但未能就各种粮食补贴对粮食产量和粮农收入的精确影响进行实证研究；②由于数据的缺失，未对我国大豆目标价格补贴试点效应及大豆“价补分离”政策效应进行实证分析，对近几年粮食生产经营主体分化特征也未作深入研究。

第 2 章　WTO 框架下我国粮食补贴政策回顾

本章介绍 WTO《农业协议》关于农业补贴政策的规定、新一轮 WTO 农业谈判的焦点及政策主张，并对我国加入 WTO 以后实施的粮食补贴政策进行全面梳理。

2.1　WTO 关于农业补贴的主要规则①

2.1.1　WTO《农业协议》关于农业补贴政策的规定

WTO《农业协议》（简称《农业协议》）文本包括 13 个部分 21 个条款和 5 个附件。其主要内容包括市场准入条款、国内支持条款、出口补贴条款、卫生和动植物检疫措施条款等四个方面，其中农业补贴政策方面有国内支持条款和出口补贴条款。

《农业协议》将国内支持条款分为三类："绿箱"政策、"黄箱"政策和"蓝箱"政策（表 2－1）。

表 2－1　WTO《农业协议》规定的农业补贴政策体系

"绿箱"政策	"黄箱"政策
一般农业服务，如农业科研、病虫害防治、培训服务、推广和咨询服务、检验服务、农产品促销服务、农业基础设施建设等	价格支持

① 为方便读者阅读，这部分引用了一些成熟的研究成果，主要来自程国强（2000）、李岳云（2004）、朱满德等（2011）、柯炳生（2001）、何忠伟等（2003）、张莉琴（2001）、潘盛洲（1999）、蓝海涛（2002），学术贡献归于上述学者。

（续）

“绿箱”政策	“黄箱”政策
粮食安全储备补贴	农业投入品补贴，如种子、肥料、灌溉等补贴
不与生产挂钩的收入补贴	农产品营销贷款补贴
自然灾害救济补贴	面积补贴
收入保险计划	牲畜数量补贴
农业生产者退休或转业补贴	某些有补贴的贷款计划
农业资源储备补贴	（“蓝箱”政策）
农业结构调整投资补贴	
农业环境保护补贴	在限制产量计划下的直接补贴，如休耕补贴等
地区援助补贴	

资料来源：根据程国强（2000）整理。

（1）“绿箱”政策。《农业协议》规定：政府执行某项农业计划时，其费用由纳税人负担而不是从消费者处转移而来，没有或仅有微小的贸易扭曲作用，对农业生产影响很小的支持措施，以及不具有给生产者提供价格支持作用的补贴措施，均被认为是“绿箱”政策，属于该类措施的补贴被称为“绿箱”补贴，任何国家均可免除削减义务。

（2）“黄箱”政策。“黄箱”政策主要是指那些容易引起农产品贸易扭曲的政策措施，是《农业协议》要求各国作削减和约束承诺的国内农业支持与补贴措施。一般将属于“黄箱”政策范围的农业支持和补贴称为“黄箱”补贴。《农业协议》规定用综合支持量（AMS）来衡量“黄箱”补贴的大小，并要求在约束该类补贴的基础上，逐步予以削减。《农业协议》规定：①对具体农产品或所有农产品的支持，只要其 AMS 不超过该产品生产总值或农业生产总值的 5%（发展中国家为 10%），就无须削减其国内支持；②AMS 必须以 1986—1988 年平均水平为基础，自 1995 年开始，发达国家在6 年内逐步削减 20%，发展中国家在 10 年内逐步削减 13%；③对发展中国家的特殊待遇和差别待遇：某些“黄箱”政策措施也列入免于削减的范围，如农业投资补贴、为鼓励生产者不生产违禁麻醉作物而提供的国内支持、低收入者或资源贫乏的生产者获得的农业投入补贴等。

(3)“蓝箱”政策。为满足欧盟和美国的要求，《农业协议》规定，一些与农产品限产计划有关的“黄箱”政策（如休耕补贴等）可纳入“蓝箱”政策，属于该类措施的补贴被称为“蓝箱”补贴，免予削减承诺，不受《农业协议》约束和限制。但这些政策措施在发展中国家很少使用。

《农业协议》关于出口补贴的规定是：出口补贴的减让基期为1986—1990年，实施期限从1995年开始计算，发达国家为6年，发展中国家为10年。在实施期结束时，发达国家将有补贴的农产品出口数量减少21%，出口补贴的支出金额减少36%；发展中国家农产品出口数量减少14%，出口补贴的支出金额减少21%。

2.1.2 新一轮WTO农业谈判的焦点及主要政策主张

(1) 新一轮农业谈判的焦点。2000年3月23日，WTO农业委员会第一次特别会议（多哈贸易部长会议）的召开标志着新一轮农业谈判的开始。参与谈判的主要利益集团有美国、欧盟、凯恩斯集团①，以及以维护发展中国家利益、消除发达国家贸易自由化扭曲政策为目标的二十国集团(G20)。2001年11月9日至14日，WTO第四届部长级会议在多哈召开，11月10日，会议以协商一致的方式通过了中国加入WTO的决定，正式接纳中国为其第143位成员，11月14日，会议通过了《多哈部长宣言》。

新一轮农业谈判的目标是“大幅度改善市场准入，减少并逐步取消所有形式的出口补贴，大幅减少扭曲贸易的国内支持”。鉴于一些发达成员对农业实行高补贴政策导致国际农产品贸易严重扭曲，农业国内支持成为多哈农业谈判的焦点问题。《多哈部长宣言》要求“实质性削减扭曲贸易的国内支持”。

多哈农业谈判取得了一些阶段性成果，包括2004年7月达成的《框架协议》、2005年达成的《香港宣言》、2008年形成的模式案文、2013年

---

① 凯恩斯集团是由14个国家组成的一个非正式联合体，于1986年成立于澳大利亚凯恩斯。这些国家有澳大利亚、阿根廷、巴西、智利、哥伦比亚、匈牙利、印度尼西亚、马来西亚、菲律宾、新西兰、泰国、乌拉圭、斐济和加拿大，其农产品出口占世界出口量的25%，但是这些国家都没有对其农产品给予补贴。

在 WTO 巴厘岛部长会议上达成的“早期收获”成果及 2015 年内罗毕部长会议系列成果等[①]。《框架协议》主要包括两个方面内容：一是减少农产品贸易扭曲，扩大农产品市场准入，促进市场公平和自由贸易，如降低关税水平和削减国内支持水平等；二是在国内支持、市场准入和出口竞争方面对发展中成员给予特殊和差别待遇，体现出多哈回合是发展回合的这一特殊意义。后续的谈判成果也大多体现在这两个方面。

（2）新一轮农业谈判关于农业国内支持的政策主张。经过各方努力，关于农业国内支持的谈判取得了一些进展，各方基本同意的政策主张主要表现在以下方面：

其一，基期的确定。发达成员以 1995—2000 年作为农业补贴的基期，发展中成员可以在 1995—2000 年与 1995—2004 年两者之间选择一个作为基期。

其二，扭曲贸易的国内支持总量（OTDS）削减。扭曲贸易的国内支持总量削减的基数为以下三项数值之和：①农产品 AMS；②基期农业年均总产值的 10%；③基期“蓝箱”支持或农业年均总产值的 5%，两者中取最高值。各成员按照具体分层（如欧盟处于高层，美国和日本处于中层，其他发达成员处于低层）确定削减幅度。

其三，AMS 约束水平削减。对 AMS 约束水平较高（如超过基期国内农业总产值的 40%）的发达成员必须实行较高幅度削减，AMS 约束水平低于 1 亿美元和粮食净进口的发展中成员无须削减。

其四，“微量允许”削减。发达成员“微量允许”将由农业总产值的 5%降至 2.5%，发展中成员要求降到 6.7%，最新加入成员和小型低收入新加入成员无须削减。

其五，保留原有的“蓝箱”支持，增设与产量脱钩的新“蓝箱”支持。各成员可以选择使用旧“蓝箱”或新“蓝箱”，但通常情况下每种农产品只允许使用一种“蓝箱”支持。发达成员“蓝箱”支持不得超过基期平均农业总产值的 2.5%，发展中成员和新加入成员“蓝箱”支持不得超过 5%，粮食净进口国的“蓝箱”支持为 0。目前各方对约束特定产品

① 参见 https：//www.chinaseed114.com/news/21/news_103654.html。

“蓝箱”支持还存在分歧。

其六，严格发达成员的“绿箱”支持，给予发展中成员更多的发展计划，发展中成员的部分政府干预支出纳入“绿箱”支持范围，主要包括政府储备、反贫困等。同时要确保“绿箱”支持的透明度，加强“绿箱”支持的审议、分类、监测与监督。

2.1.3 我国在WTO农业谈判中的承诺

我国在WTO农业谈判中，分别从市场准入、国内农业支持和出口补贴三个方面作出承诺：

(1) 承诺对有价格优势的农产品实行关税减让，放开市场，平均税率到2004年降至17%，一些重要农产品降至14.5%，对无价格竞争优势的农产品则实行关税配额，配额内进口仅征收1%～3%的关税，超配额进口则征收65%的关税。

(2) 我国加入WTO后的AMS确定为零，并且放弃给予发展中国家的扶持农业的特殊和差别待遇。我国只能在“微量允许”为8.5%的范围内按照《农业协议》的规定支持农业。

(3) 在计算我国的AMS指标时，将包括《农业协议》第六条第二款给予发展中成员特殊豁免的三项措施支出，即：为了鼓励农业和农村发展，给予所有农民的一般投资性补贴；给予资源贫乏地区农户的投入补贴；引导农民停种非法麻醉作物的补贴。

(4) 我国的AMS按每年的实际产值比例进行计算，而不是固定在某一特定基期时的水平。

(5) 不再对任何农产品提供出口补贴。

2.2 加入WTO以来我国粮食补贴政策回顾

2.2.1 主要粮食补贴政策措施回顾

加入WTO后，我国农业补贴政策发生了较大变化与调整，粮食补贴政策也随着加入WTO迎来了改革调整的机遇期。当然，加入WTO的承诺及相关协议条款规定也倒逼了我国粮食补贴政策调整。总体而言，加入

WTO 以来我国粮食补贴政策不断调整完善，形成了较为完备的粮食补贴政策体系，对促进我国粮食生产、提高农民收入及保障国家粮食安全等发挥了积极作用。

（1）粮食作物良种补贴政策。我国粮食作物良种补贴政策实施较早，2002 年就在大豆主产区东北三省和内蒙古针对高油大豆实施良种补贴政策，补贴标准为每亩[①] 10 元，共补贴 1 000 万亩，财政投入 1 亿元。2003 年，在增加大豆补贴面积和金额的同时，将补贴范围扩大到河北、山东、安徽、江苏及河南五省的小麦，主要针对优质强筋和弱筋小麦。2004 年，又将湖南、湖北、安徽、辽宁、江西、吉林及黑龙江七省的水稻和内蒙古、辽宁、吉林、黑龙江、河北、河南、四川及山东八省份的玉米纳入农作物良种补贴范畴，同时扩大小麦良种补贴范围。2005 年以后，我国扩大粮食作物良种补贴范围、调整补贴标准、加大补贴力度。2015 年良种补贴对全国水稻、小麦、玉米及东北三省和内蒙古的大豆实现全覆盖，小麦（新疆除外）、玉米、大豆每亩补贴 10 元；新疆地区小麦良种补贴为每亩 15 元，水稻每亩补贴 15 元。2016 年以后粮食作物良种补贴政策被农业支持保护补贴政策取代。

（2）粮食直接补贴政策。2001 年初，财政部向国务院报送《关于完善粮改政策的建议》，初步提出粮食直接补贴政策的设想。同年国务院 28 号文件同意粮食直接补贴试点，并在安徽省天长市、来安县及吉林省东丰县进行试点。在总结试点经验的基础上，该政策于 2004 年在全国范围内推广执行，财政安排资金 116 亿元 。粮食直接补贴按照农业税计税面积、种植面积或其他方式进行补贴，具体操作方式各地区自行决定。2005—2007 年粮食直接补贴资金逐年小幅度增加，2008—2014 年稳定在 151 亿元/年，但 2015 年调减至 140.5 亿元/年。2016 年以后粮食直接补贴政策被农业支持保护补贴政策取代。

（3）农机购置补贴政策。我国农机购置补贴政策的前身是大中型拖拉机及配套农具更新补贴政策（1998—2000 年实施）、农业机械装备结构调整补助费政策（2001—2002 年实施）和新型农机具购置补贴政策（2003

① 亩为非法定计量单位，15 亩＝1 公顷。全书同。——编者注

年实施）。2004 年，财政部和农业部共同启动农机购置补贴政策，当年财政安排 0.7 亿元在全国 66 个县（市、区）实施。随着农机购置补贴范围不断扩大，种类不断增加，补贴金额由 2004 年的 0.7 亿元增加到 2014 年的 238 亿元，仅次于农资综合补贴。2015 年以后农机购置补贴金额开始减少，2019 年为 180 亿元（表 2－2）。

表 2－2　2004—2018 年我国农机购置补贴金额

单位：亿元

年份	2004	2005	2006	2007	2009	2010	2011
金额	0.7	4.1	6	33	130	145	175
年份	2012	2013	2014	2015	2017	2018	2019
金额	215	218	238	228	186	174	180

资料来源：财政部发布的历年预算决算表。

（4）农资综合补贴政策。随着物价水平的上升，农药、化肥等农资价格也出现不同程度的上涨，直接影响农民种粮成本收益。为降低农业生产成本，稳定并提高农民种粮积极性，我国于 2006 年开始实施农资综合补贴政策，资金来源于粮食风险基金。2009 年，财政部、国家发展和改革委员会及农业部联合出台《关于进一步完善农资综合补贴动态调整机制的实施意见》，对农资综合补贴的目标原则、补贴规模、资金拨付与管理等进行调整规范。此后，农资综合补贴按照“价补统筹、动态调整、只增不减”的原则进行，补贴资金由 2006 年的 120 亿元增加到 2015 年的 1 071 亿元，补贴规模远大于其他三项粮食补贴政策。2016 年以后农资综合补贴政策被农业支持保护补贴政策取代。

（5）最低收购价政策。2003 年以后，粮食市场面临较大的价格下行压力，为避免谷贱伤农，保障农民种粮收益，我国于 2004 年启动稻谷最低收购价政策，针对早籼稻、中晚籼稻及粳稻实施不同最低收购价，一直执行至今，三类稻谷的最低收购价分别由 2004 年的 1.40 元/千克、1.44 元/千克、1.50 元/千克提高到 2016 年的 2.66 元/千克、2.76 元/千克和 3.10 元/千克，2016 年以后有所下调（表 2－3）。2006 年我国又将小麦纳入最低收购价范围，针对白小麦、红小麦及混合小麦实施不同最低收购价，

2012 年开始，三类小麦最低收购价统一，2014—2017 年为 2.36 元/千克，2018 年以后有所下调。稻谷和小麦的最低收购价收储由国家委托的中国储备粮管理集团有限公司（简称中储粮）、地方储备粮管理公司等具有一定资质的公司或单位负责，当市场价格低于最低收购价时按照最低收购价进行收储，当市场价格高于最低收购价时随行就市，最低收购价不启动。稻谷最低收购价在 2008 年、2010 年和 2011 年没有启动，小麦最低收购价在 2011 年没有启动。

表 2-3　我国粮食最低收购价

单位：元/千克

粮食种类	品种	2004 年	2005 年	2006 年	2007 年	2008 年	2009 年	2010 年	2011 年
稻谷	早籼稻	1.40	1.40	1.40	1.40	1.54	1.80	1.86	2.04
	中晚籼稻	1.44	1.44	1.44	1.44	1.58	1.84	1.94	2.14
	粳稻	1.50	1.50	1.50	1.50	1.64	1.90	2.10	2.56
	平均	1.45	1.45	1.45	1.45	1.59	1.85	1.97	2.25
小麦	白小麦			1.44	1.44	1.54	1.74	1.80	1.90
	红小麦			1.38	1.38	1.44	1.66	1.72	1.86
	混合小麦			1.38	1.38	1.44	1.66	1.72	1.86
	平均			1.40	1.40	1.47	1.69	1.75	1.87
粮食种类	品种	2012 年	2013 年	2014 年	2015 年	2016 年	2017 年	2018 年	2019 年
稻谷	早籼稻	2.40	2.64	2.70	2.70	2.66	2.60	2.40	2.40
	中晚籼稻	2.50	2.70	2.76	2.76	2.76	2.72	2.52	2.52
	粳稻	2.80	3.00	3.10	3.10	3.10	3.00	2.60	2.60
	平均	2.57	2.78	2.85	2.85	2.84	2.77	2.51	2.51
小麦	白小麦	2.04	2.24	2.36	2.36	2.36	2.36	2.30	2.24
	红小麦	2.04	2.24	2.36	2.36	2.36	2.36	2.30	2.24
	混合小麦	2.04	2.24	2.36	2.36	2.36	2.36	2.30	2.24
	平均	2.04	2.24	2.36	2.36	2.36	2.36	2.30	2.24

（6）临时收储政策。2008 年我国开始实行临时收储政策，粮食作物主要包括玉米和大豆，稻谷仅在 2008 年实施临时收储政策，临时收储价格为 1.86 元/千克，收储 1 366 万吨，当年稻谷最低收购价（三类稻

谷最低收购价均值为 1.59 元/千克）没有启动。大豆临时收储政策在 2008—2013 年实施，临时收储价格由 2008 年的 3.7 元/千克上升到 2013 年的 4.6 元/千克，2014 年起，大豆临时收储政策被大豆目标价格政策取代，2017 年进一步调整为“市场化收购＋生产者补贴”政策。玉米临时收储政策在 2008—2015 年实施，临时收储价格由 2008 年的 1.5 元/千克上升到 2015 年的 2.0 元/千克，2016 年玉米临时收储政策改为“市场化收购＋价外补贴”的新机制，即补贴方式为“市场定价、价补分离”。

2.2.2 粮食补贴政策调整的新动向

随着农民收入和农业生产机会成本的不断提高，粮食补贴政策对农民生产积极性的调动作用在减退，其边际效益出现递减的趋势。同时，我国农业发展新格局逐渐形成，粮食补贴政策实施的内外部环境正在发生变化，迫切需要调整完善粮食补贴政策。2014 年以后，我国粮食补贴政策调整出现新动向，主要体现在以下方面：

（1）大豆目标价格补贴试点。2008 年《国家粮食安全中长期规划纲要（2008—2020 年）》首次提出“借鉴国际经验，探索研究目标价格补贴制度”。2014 年中央 1 号文件《关于全面深化农村改革加快推进农业现代化的若干意见》提出逐步建立农产品目标价格制度，当市场价格高于目标价格时补贴低收入消费者，当市场价格低于目标价格时按差价补贴生产者，切实保障农民种粮收益。随后中央取消大豆和棉花的临时收储政策，启动东北三省和内蒙古大豆、新疆棉花目标价格补贴试点，2014 年大豆和棉花目标价格分别为每吨 4 800 元和每吨 19 800 元；2015 年和 2016 年继续实施大豆目标价格政策，并保持大豆目标价格不变；2017 年大豆目标价格政策取消。

（2）农业“三项补贴”改革。随着我国粮食补贴力度不断加大，补贴范围不断扩大，补贴资金也逐渐向新型农业经营主体倾斜，2015 年财政部、农业部出台关于调整完善农业“三项补贴”政策的指导意见，明确要求在稳定加大农业补贴力度的同时，逐步完善农业补贴政策，改进农业补贴方法，提高农业补贴政策效能，并选择安徽、山东、湖南、四川和浙江等五省开展农业“三项补贴”改革试点。试点将农业“三项补贴”合并为农业支持保护补贴，一是将 80%的农资综合补贴存量资金，加上粮食直接补贴和农作物良种补贴资金，用于耕地地力保护。二是将 20%的农资综合补贴存量资金，加上种粮大户补贴试点资金和农业“三项补贴”增量资金，支持粮食适度规模经营。农业支持保护补贴金额由 2015 年的 1 434.91亿元增加到 2019 年的 1 585.31 亿元（表 2－4）。

表 2－4　2015—2019 年我国农业支持保护补贴金额

单位：亿元

年份	2015	2016	2017	2018	2019
金额	1 434.91	1 404.91	1 526.08	1 547.71	1 585.31

资料来源：财政部发布的历年预算决算表。

（3）玉米和大豆的“价补分离”政策。2015 年，中央把玉米临时收储价格下调到每千克 2 元，改变了自 2008 年以来，临时收储价格只升不降的局面。2016 年中央 1 号文件《关于落实发展新理念加快农业现代化实现全面小康的若干意见》指出，要坚持市场化改革取向与保护农民利益并重，采取“分品种施策、渐进式推进”的办法，完善农产品市场调控制度。按照“市场定价、价补分离”的原则，积极稳妥推进玉米收储制度改革，建立玉米生产者补贴制度。按照政策性职能和经营性职能分离的原则，改革完善中央储备粮管理体制。此后，玉米临时收储政策调整为“市场化收购＋价外补贴”，至此，大豆和玉米的临时收储政策均已退出，粮食价格支持政策市场化的趋势更加明朗。

2017 年 3 月 23 日，国家发展和改革委员会通知，在东北三省和内蒙古调整大豆目标价格补贴政策，实行“市场化收购＋生产者补贴”机制。此后，大豆目标价格政策正式退出，中央财政对大豆生产者给予补贴，鼓励增加大豆种植，合理调减非优势产区玉米生产。

（4）最低收购价格调整。2015 年以前，最低收购价格只升不降的局面形成了较强的市场价格预期，助推了我国粮价上涨，也衍生出粮食价格倒挂、粮食进口激增、局部卖粮难、粮食高库存等问题，粮食价格回归市场是化解矛盾的关键所在。自 2004 年实行稻谷最低收购价政策、2006 年实行小麦最低收购价政策以来，各品种的粮食最低收购价要么上升，要么保持不变，但 2016 年发生了微妙的变化，每千克早籼稻的最低收购价首次比上年下调了 0.04 元。这种政策信号意味着最低收购价将依据政策目标而定，只升不降的格局发生了改变。2017 年和 2018 年稻谷最低收购价继续下调，2018 年小麦最低收购价也开始下调，2019 年稻谷最低收购价与上年持平但小麦最低收购价继续下调（表 2－3）。

第3章　粮食补贴政策的理论分析

由于粮食生产具有公共产品属性、弱质性、外部性、基础性、多功能性、政治性等特殊属性，粮食比较优势随着工业化发展在减弱，以及城乡收入存在较大差距，为保障国家粮食安全，提高农民收入，我国先后采取了一系列粮食补贴政策，包括价格支持政策和直接支付政策等。这些粮食补贴政策的理论效应如何？调整完善的理论依据何在？本章运用经济学理论进行分析。

3.1　农业补贴政策的理论依据及政治经济学解释[①]

3.1.1　农业补贴政策的理论依据

新古典经济学早已证明：实行自由贸易将有助于在全球范围内优化资源配置效率，增进社会福利。但国际贸易实践却表明全球范围内普遍存在对贸易的干预，特别是农业。尽管乌拉圭回合《农业协议》就各国削减农业补贴作出了具体规定，但各国政府仍通过各种类型的政策措施对农业进行补贴。国际上，支持农业补贴的理论主要有以下几种：

（1）新国际贸易理论。美国经济学家保罗·克鲁格曼（Paul Krugman）认为，在不完全竞争市场条件下，产业领域存在着规模报酬递增的现象，这个理论有力地挑战了古典贸易理论认为规模报酬不变的传统观点。由于市场竞争是不完全的，“租”（即经济租金，是要素收入与其机会成本之差）不可能因竞争而完全消失，在一些产业中资本和劳动有时会获得比其他产业高得多的回报率。如果政府能够识别他们，就有可能采取战

① 为方便读者阅读，这部分引用了一些成熟的研究成果，主要来自何忠伟等（2003）、张莉琴（2001）、保罗·克鲁格曼等（1998），学术贡献归于上述学者。

略性贸易政策。战略性贸易政策是指在不完全竞争市场中，政府积极地运用补贴或出口鼓励等措施对那些被认为存在规模经济、外部经济或大量“租”的产业予以扶持，扩大本国产品的国际市场份额，以增加本国经济福利和提高其产品的国际竞争优势。

(2) 经济福利理论。美国经济学家詹姆斯·布兰德（James Brander）认为生产补贴和出口能增加国内经济福利。布兰德分析了补贴的两种效应：一种是成本节约，实际上它是由国内财政支付的，是一种转移支付；另一种是战略性效应，由于成本补贴使竞争对手相信国内生产者将扩大生产，因而竞争对手的直接反应是削减产量，使国内生产者得到额外利润，这些利润超过政府的补贴数额，即生产者剩余的增加大于纳税者的损失。这说明生产补贴或出口补贴增加了国内经济福利，而且不论其他国家是否使用战略性补贴政策，本国经济的受益完全是以竞争对手的损失为代价的，因此极易引起其他国家的报复行动，特别是出口补贴和进口替代补贴的滥用，严重扭曲了国际贸易，已经引起国际社会的高度关注，在乌拉圭回合多边贸易谈判中，多数国家要求约束农业补贴政策的应用。但在实践中这种理论的运用屡见不鲜。

(3) 公共财政理论。市场在具有外部性的产品供给上存在失灵，为政府留出了宏观调控的空间，农业产业本身的弱质性和基础地位决定了其需要政府的服务。从经济学角度看，完善的基础设施是私人有效投入和市场机制发挥作用的先行条件：良好的设施能扩展生产者收益的边界，从而影响主体的投资行为。农村基础设施、技术培训和农业科研创新在农村经济发展中的重要作用已成共识，然而它们具有正外部性，这些领域存在市场失灵和搭便车行为，这就要求政府来充当制度供给者、环境营造者和主要投资者的角色。

(4) 农业的多功能性理论。随着生态环境保护和农业可持续发展的需求增长，人们对农业的认识也发生了很大变化，农业被认为是一种多功能性的产业。农业的多功能性是指农业除了具有商品生产功能外，还有环境保护、粮食安全保障、休闲观光、文化传承等功能。对农业多功能性的认识，正在引导着农业投入或补贴政策的走向。保持和不断提升农产品竞争力的重要切入点除科技投入以外，主要是对农产品和农民的补贴政策。

3.1.2　政府干预农业的政治经济学解释

新古典经济学认为完全竞争市场是最富有经济效率的市场组织结构，在不存在市场失灵的情况下，政府对市场的干预是没有效率的。新古典经济学并没有为现实中普遍存在的政府干预提供一般性的科学解释，这促使经济学家从一个新的角度——收入分配的角度——来思考政府干预的本质。他们将公共选择的政治经济学方法引入对农业补贴政策的分析，认为现实中政府干预在社会公共选择过程中“优于”自由竞争市场的真正根源必须从政治市场中发掘，包括国家非经济效率目标和社会利益的分配及冲突。在这些理论中，利益集团理论具有很强的代表性，它经常被用来解释一个国家为什么会随着经济发展而逐步由对农业征税向对农业补贴转变。

利益集团理论考虑了既定的利益集团对政策施加影响的情况。由于政策不是中性的，即不会对所有人或所有集团一视同仁，因此，预期会受到一种政策影响的个人或集团就会千方百计地影响政策的制定，目的是使政府选择的政策对自己有利。当进一步游说的边际成本等于从其所影响的政策中得到的边际收益时，该利益集团就停止了对政策游说的进一步投资。所以利益集团是否要求保护和要求保护的程度，由从有利于他们的政策中得到的预期净收益（或者通过阻止不利的政策发生所避免的损失）和进行成功游说的预期成本来决定。

不同的利益集团对最终政策制定的影响力是不同的，这取决于他们的谈判地位。具体到农业政策的选择，与此相关的至少可以分为两个利益团体，一个是作为农业生产者的农民，另一个是非农产业的生产者及农产品消费者。那么，究竟是否选择保护农业的政策，将取决于这两个集团的力量对比。一个典型的案例是美国食糖进口配额政策。由于进口配额政策的实行，美国市场的食糖价格比国际市场高出 40%以上，生产者从中得益 10.66 亿美元，而消费者剩余损失 16.46 亿美元，美国净福利损失 5.8 亿美元。但是，将消费者损失平均到每个消费者，每年每人平均只有 6 美元，因此对单个消费者来说，其并没有动力去反对美国食糖市场保护政策。而美国的食糖工业工人只有大约 12 000 人，将进口配额带来的生产补贴分摊到每个食糖生产者，每年每人 9 万美元，因此不难理解为什么美国的食糖生产者会极力鼓吹进口配额政策。是否实行食糖进口配额，对生产者和消费者两个集团成本相差悬殊，从收入分配角度有助于解释美国为什么要实行食糖进口配额政策（保罗·克鲁格曼等，1998）。

3.2 价格支持政策效应的理论分析

粮食最低收购价是政府为了鼓励或稳定粮食生产、提高或稳定粮农收入而规定必须达到的最低粮食收购价格，当市场价格高于最低收购价格时随行就市；当市场价格低于最低收购价格时，政府按照最低收购价格收购。

最低收购价格的提前公布，使粮食生产经营主体形成种粮收益的基本预期，进而影响自己的种粮行为，在一定程度上起到引导粮食生产行为的作用。但这种引导对不同的生产主体产生的效应是不同的：对自给自足的小农户影响较弱，因为他们生产粮食主要是为了满足自己家庭消费；对生产商品粮的粮食生产主体影响则较强，利润最大化的追求使他们对市场信息的反应比较灵敏，他们会根据预期的种粮收益和种粮成本来确定自己的生产行为。

当市场价格高于最低收购价格时，最低价收购行为没有发生，因而其他效应不会显现。当市场价格低于最低收购价格时，其他效应则显现。

如图 3-1（a）所示，当市场供求变化导致粮食市场价格为 P_0时，低于最低收购价 P_G，此时政府启动最低收购价收购，主要政策效应分析如下：

（1）对价格和产量的影响分析。当政府以最低收购价收购粮食后，稳定粮食产量的效应会显现，如图 3-1（a）所示，与市场机制决定的粮食产量相比，产量增加了 Q_0Q_s。但市场价格被扭曲，不能再反映供求关系的变化，从而引导资源优化配置的功能部分丧失。

（2）对粮食进口和仓储成本的影响。若不考虑进出口，政府收储量增加 Q_dQ_s。若考虑进出口，分两种情形：

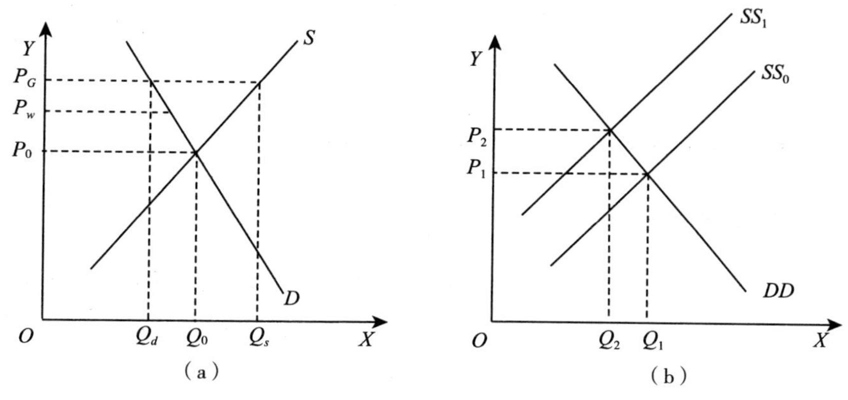

图 3－1　粮食最低收购价政策效应

①国际市场价格 P_w 低于政府收购价格，若该种粮食品种没有关税配额且国际市场上该种粮食品种供给充裕，则进口会大量增加，政府收储量会大于 Q_dQ_s，政府仓储成本大量增加；若该种粮食品种有关税配额，但其替代品没有关税配额且国际市场上这些替代品供给充裕，则这种粮食品种的替代品进口会大量增加，导致政府对该种粮食品种的收储大量增加，政府收储量会大于 Q_dQ_s，从而使仓储成本大量增加；若该种粮食品种有关税配额且没有适当的替代品，或国际市场上该种粮食品种供给不充裕，则收储量和仓储成本不会大量增加。

②国际市场价格 P_w 高于政府收购价格，则由于该种产品出口会增加，收储量会小于 Q_dQ_s。

（3）对“黄箱”补贴水平的影响。随着最低价收购的启动，“黄箱”补贴水平随之发生变化，政府收储量越大，“黄箱”补贴水平越高。

（4）对下游生产的影响。粮食最低收购价政策的启动抬高了粮食价格，从而提升了下游生产者的成本，从而降低了其产品的竞争力。如图 3－1（b）所示，粮食价格的上升，引起下游生产者的供给曲线由 SS_0 移动至 SS_1，均衡价格由 P_1 上升至 P_2，产品竞争力下降，均衡数量减少。

粮食临时收储政策是政府为了鼓励某种粮食品种的生产，在市场价格较低时，临时以高于市场价格的价格收购该种粮食品种的一种价格支持政策。这种政策实施的效应与最低收购价政策启动时的效应基本相同。与最低收购价政策不同的是，这种政策由于赋予了“临时”的内涵，可以在政策环境变化时取消。

3.3 直接支付政策效应的理论分析

3.3.1 粮食直接补贴的政策效应分析

粮食直接补贴是政府为稳定粮食生产而向粮食生产主体直接支付的一种收入支持，分为不与粮食生产挂钩的粮食直接补贴和与粮食生产挂钩的粮食直接补贴，两者在一定程度上都能提高农民收入，但对粮食产量的促进作用存在一定的差别。

不与粮食生产挂钩的粮食直接补贴对粮食产量的促进作用微乎其微，但在政府调整某种农业政策且预期这种政策调整可能会使农民利益受损时，不挂钩的收入补贴政策的配套实施会在一定程度上稳定农民的收入，进而使政策的调整得以贯彻实施。

与粮食生产挂钩的粮食直接补贴对粮食生产有一定的促进作用，主要表现在：①可以在一定程度上稳定粮食播种面积。②对自给自足的粮农而言，在收入水平较低的情况下，挂钩的直接补贴能在一定程度上增加粮食生产投入，从而在一定程度上增加粮食产出。但是，随着农民收入的提高，这一政策效应会递减，原因在于没有这一部分收入支持粮农也不会减少粮食生产的投入。③对于规模较大的商品粮的生产主体而言，挂钩的收入补贴能促进其提高粮食生产的专业化程度，从而增加粮食产量。

3.3.2 粮食作物的良种补贴和农资综合补贴的政策效应分析

粮食作物的良种补贴是指政府为推广良种使用以提高粮食产量而对粮食生产者支付的直接补贴。从政策实施情况来看，其分为与良种使用挂钩的良种补贴和不与良种使用挂钩的良种补贴。

不与良种使用挂钩的良种补贴的政策效应与粮食直接补贴的效应相似。与良种使用挂钩的良种补贴的效应则比较明显：一方面，良种补贴降低了粮食生产者的生产成本，更重要的是，另一方面，良种的使用加速了粮食科技的推广应用。这两个因素都推动了粮食供给曲线向右下移动（图3-2），一方面降低了粮食价格，提高了竞争力，另一方面增加了粮食产量。

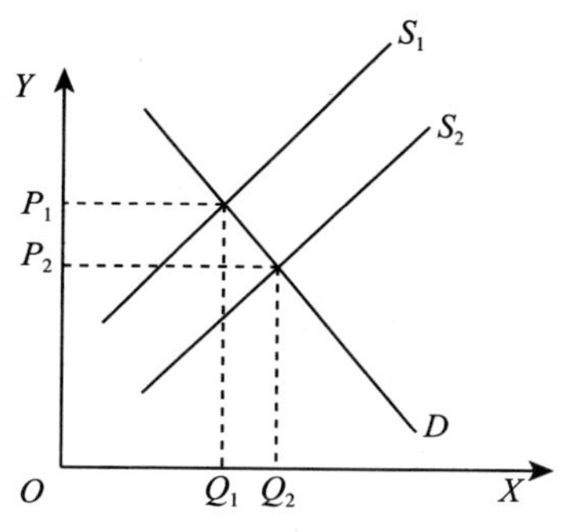

图3-2　良种补贴的政策效应

但随着良种使用的普及，尤其是粮食生产主体良种使用意识的增强，这种补贴的政策效应也会递减，原因在于没有良种补贴人们也会使用良种。

农资综合补贴是为了补偿农资价格上升而向农业生产者（主要是粮食生产者）提供的直接补贴。这种补贴主要功能在于降低农业生产成本，政策的实施也能推动粮食的供给曲线向右下移动，但移动的幅度要小于良种补贴，因此对粮食产量促进的效应和对价格的抑制效应比良种补贴要弱得多。

3.3.3　农机购置补贴的政策效应分析

农机购置补贴是政府为推进农业机械化进而推动农业的适度规模经营而向农业生产者（主要是粮食生产者）提供的直接补贴。这种补贴从三个方面对粮食生产产生促进作用：①农机购置补贴推动了粮食生产投资，增加了粮食生产者的人均资本，从而增加人均产出；②农机购置补贴推动了粮食生产的适度规模经营，提升了规模效益；③农机购置补贴加速了农业科技的推广应用，从而增加粮食产出。因而，从理论分析来看，农机购置补贴的效应应当比较明显。

3.3.4　目标价格补贴的政策效应分析

目标价格补贴是指政府先制定一个目标价格，当市场价格低于目标价格时，政府向生产者支付目标价格与市场价格之间的差额。如图 3－3 所示，某种粮食品种的均衡价格为 P_1，均衡数量为 Q_1。如果政府实施目标价格补贴，规定农产品的目标价格为 P_T。粮食生产主体实际得到的价格由 P_1 提高到 P_T，产量由 Q_1 增加到 Q_2；但市场价格由 P_1 下降到 P_2，政府向生产者支付的目标价格补贴为 Q_2（P_T-P_2）。分析表明，目标价格补贴对粮食产量有促进作用，对粮食价格有抑制作用，政府支付的“黄箱”补贴金额随产量和差价的变化而变化。与最低收购价政策和临时收储政策相比较，目标价格补贴政策对市场价格的扭曲程度较小，有利于发挥市场配置资源的作用和提高产品的国际竞争力。在“黄箱”补贴水平上限的约束下，目标价格补贴政策制定的关键在于，确定合理的期望产量并据此制定适宜的目标价格。

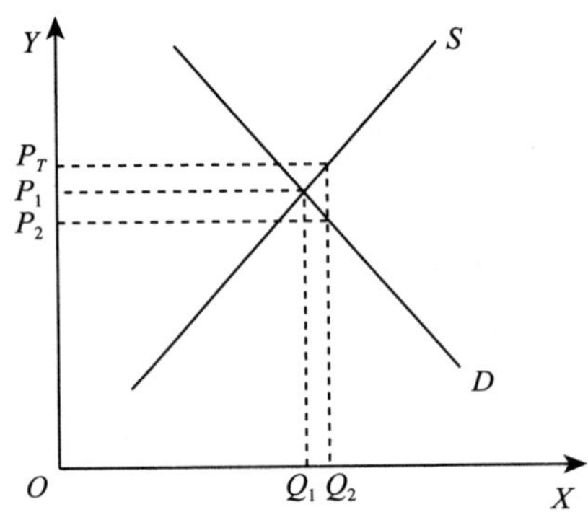

图 3－3　目标价格补贴的政策效应

3.4　粮食补贴政策调整完善的理论分析①

3.4.1　粮食补贴政策调整完善的原因

（1）决策者价值取向的变化。与其他农业补贴政策一样，在粮食补贴政策执行过程中，政府部门决策者的价值观对农业补贴政策调整起着关键作用，一旦决策者的价值取向发生变化，粮食补贴政策中的某些内容就会

① 这部分引用了一些成熟的研究成果，主要来自钟甫宁（2015）等，学术贡献归于上述学者。

发生变化，甚至对整个政策进行调整。

（2）政策环境变化或外部冲击。各种粮食补贴政策总是在一定的客观环境中运行，受到诸多因素的影响和制约，当政策环境或外部冲击出现时，就会对粮食补贴的政策效应产生影响，如果这种影响导致政策效能严重弱化，则需对粮食补贴政策进行大幅调整；如果只对政策运行中的个别环节产生影响，则需要对粮食补贴政策进行修改完善。

（3）人们认识的深化。随着粮食补贴政策的运行，人们的认识也会进一步深化，当人们发现原定的粮食补贴政策在某些方面、某个环节、某段过程存在缺陷，或者政策方案不够理想，则产生希望改进和完善粮食补贴政策的意愿，并通过各种渠道表达这种诉求，从而影响决策者的决策。

3.4.2 粮食补贴政策调整完善的内容和形式

（1）粮食补贴政策调整完善的内容。

①粮食补贴政策目标的调整。当粮食补贴政策环境和条件发生变化时，粮食补贴政策问题也会随之发生改变，为解决特定问题所制定的政策目标就要作相应的调整。粮食补贴政策目标的调整应该注意以下几点：新目标的设定要切合实际，不是对原目标的全盘否定，而是扬长避短的完善；新目标的制定要注意与原有目标的衔接和统一，对政策对象做好沟通和协调工作；新目标的制定要留有一定的余地。

②粮食补贴政策方案的调整完善。如果原定的粮食补贴政策方案在执行中存在偏差，或可行性不足，或负面影响过大，则需要对政策方案进行调整。如果原方案基本可行，则只需作较小的修改完善，如果原有方案与实际情况差距较大，则需作系统调整。

③粮食补贴政策执行措施的调整完善。如果粮食补贴政策在执行过程中出现问题，说明政策执行措施存在缺陷，需要针对缺陷进行调整完善。

④粮食补贴政策作用对象的调整。如果粮食补贴政策的目标群体（作用对象）对粮食补贴政策的反应不灵敏，导致政策效能较低，则需对补贴政策的作用对象进行调整，瞄准有效群体，以提高政策效能。

（2）粮食补贴政策调整完善的形式。其主要包括：粮食补贴政策内容的增加、粮食补贴政策内容的删减、粮食补贴政策的更新和粮食补贴政策的中止。

3.4.3 粮食补贴政策调整完善的原则和步骤

（1）粮食补贴政策调整完善的原则。粮食补贴政策调整完善的目标是纠正政策制定和执行过程中的偏差，提高政策效能，更好地实现粮食补贴政策的目标。因此，粮食补贴政策调整完善应遵循以下四个原则：

①可持续发展与短期成效相结合的原则。出于保障国家粮食安全考虑，粮食补贴政策调整完善应有利于粮食生产的可持续发展，同时补贴政策的调整要在短期内能取得较为明显的成效，以获取人们对政策调整的支持。

②总体稳定与适度调整相结合的原则。农业政策调整的基本原则是大稳定、小调整。因此，粮食补贴政策调整要坚持在政策总体稳定的前提下进行适度调整。由于人们对以往政策具有“习惯性”，粮食补贴政策调整不宜过大、过急，调整的幅度与范围需在人们的心理承受范围之内，若作较大幅度的政策调整应当采取适当的过渡措施。

③协调兼顾与慎重抉择相结合的原则。粮食补贴政策的调整完善要顾及农业生产的总体活动和布局、各种具体粮食补贴政策之间的关系，以及国际规则的限制，不能顾此失彼。由于粮食补贴政策与国家粮食安全密切相关，因而在具体调整时，需要在对原有政策效应进行深刻分析的基础上慎之又慎地作出抉择。

④学习借鉴与自主创新相结合的原则。粮食补贴政策的调整完善要注重吸收借鉴外部经验，同时结合本国国情和产业特点进行自主创新。

（2）粮食补贴政策调整完善的步骤。农业政策学一般要求，农业政策调整有一个从局部到整体的调整步骤。基于此，考虑到粮食生产的特殊属性，粮食补贴政策的调整完善的步骤应当是：个别调整完善—局部调整完善—整体调整完善。

第4章　我国粮食产品“黄箱”支持水平及“微量允许”空间测度

本章介绍农业补贴水平的主要测度方法和指标，重点对我国特定农产品稻谷、小麦、玉米和大豆等，以及非特定农产品的“黄箱”支持水平进行测度，并明确“微量允许”的政策剩余空间，为粮食补贴政策效应的实证分析及粮食补贴政策的调整完善提供基础数据和依据。

4.1　测度农业补贴水平的主要方法和指标

测度农业补贴水平是对农业补贴政策效应进行实证分析的基础，国内外学者提出了一系列行之有效的测度方法和指标①。

4.1.1　*NRP*

名义保护率（*NRP*）是由世界银行经济学家 Bela Balassa 于 1965 年提出的，其定义为：农产品国内市场价格与世界市场价格之间差额的百分数。*NRP* 用公式表示为：

$$NRP=\frac{(P_d-P_w)}{P_w}\times 100\% \tag{4-1}$$

其中，P_d代表国内市场价格，P_w代表世界市场价格。

如果 $NRP>0$，则表明一国的农业补贴政策是正保护政策，此时 *NRP* 的值越大，则表明保护的力度越强。如果 $NRP<0$，则表明一国的

① 为方便读者阅读，这部分引用了一些成熟的研究成果，主要来自张莉琴（2001）、潘盛洲（1999），学术贡献归于上述学者。

农业补贴政策是负保护政策，此时 *NRP* 的绝对值越大，则表明负保护的力度越强。

4.1.2 *TSE*、*PSE*、*GSSE* 和 *CSE*

为了方便农业贸易谈判和分析政策的资源配置效果，经济合作与发展组织（OECD）设计了一系列指标，用于衡量农产品的补贴水平。

OECD 从 1987 年就开始用生产者补贴估计（*PSE*）和消费者补贴估计（*CSE*）来衡量农业补贴水平。随着 OECD 的农业政策改革，应用的政策工具数量增多，复杂性也大大增强。不同的政策工具往往可以用来实现同一个既定的目标，但它们对资源配置的影响却会因为其实施方式不同而相差很远。因此，1998 年 OECD 对原有的计算农业支持水平的方法进行了改革，根据农业政策实施方式的不同（而不考虑政策的目标和效果）对农业政策进行了重新分类（张莉琴，2001）。OECD 把农业转移总量（*TSE*）分成三部分：对生产者的转移（即生产者补贴估计，*PSE*）、通过农业一般服务实现的价值转移（即一般服务支持估计，*GSSE*）和对消费者的转移（即消费者补贴估计，*CSE*）。

（1）*PSE*。*PSE* 是反映由于农业支持政策的实施，每年消费者和纳税人向农产品生产者转移的价值总量（用农场价格表示），不考虑政策的性质和目标，也不考虑政策对农产品生产和农户收入的影响。

PSE 方法衡量由于农业政策的存在（相对于没有农业政策存在情况，即只有宏观政策存在的情况，包括经济、社会、环境和税收政策）而造成的对农业的支持水平，虽然它衡量的是农业政策对生产者的净贡献，但没有扣除与农业政策执行的相关成本，对农业投入品征收的进口税也没有扣除。从这个意义上说，*PSE* 也是一个名义支持。

如表 4-1 所示，*PSE* 的主要组成部分包括：

A. 市场价格支持（*MPS*）：衡量由于实施造成某种农产品国内市场价格与口岸价格价差的政策措施，而引起的消费者和纳税人向农产品生产者转移的价值总量（用农场价格表示）。

MPS 用国内价格与口岸价格之间的价差表示，它是一个净值的概念，要扣除生产者为销售某种农产品而承担的税负。如果是畜产品生产，还需

要扣除用作饲料的国产粗粮和油料作物的市场价格支持，以避免在计算农业部门 *PSE* 时重复计算。

B. 基于产出的支付：衡量由于某种支付政策造成的每年从纳税人向农产品生产者转移的价值，这种支付是以某种或某类农产品当期产出为基础而进行的。

C. 基于种植面积（或牲畜数量）的支付：衡量由于某种支付政策造成的每年从纳税人向农产品生产者转移的价值，这种支付是以某种或某类农产品的种植面积（或牲畜数量）为基础进行的。

D. 基于历史绩效的支付：衡量由于某种支付政策造成的每年从纳税人向农产品生产者转移的价值，这种支付是以某种或某类农产品过去得到的支持水平、面积、饲养牲畜数量或产出水平为基础进行的。

E. 基于使用投入品的支付：衡量由于某种支付政策造成的每年从纳税人向农产品生产者转移的价值，这种支付是以使用特定的固定或可变投入为基础而进行的。

F. 基于限制投入品的支付：衡量由于某种支付政策造成的每年从纳税人向农产品生产者转移的价值，这种支付是以限制使用某种或某类投入品为基础进行的，要求对某种特定可变投入在农业中的使用执行一定的限制（减少使用或不使用）。

G. 基于农业总收入的支付：衡量由于某种支付政策造成的每年从纳税人向农产品生产者转移的价值，这种支付是以农户农业纯收入（或销售收入）为基础进行的，不存在对生产特定农产品及使用特定固定或可变投入的限制。在符合支付条件的情况下，它包括为了弥补农户收入波动或损失而进行的支付，或为了保证最低收入水平而进行的支付。

H. 混合支付：衡量其他无法分开或无法归到上述项目的支付而导致每年从纳税人向生产者转移的价值的指标。

表 4-1 OECD 农业补贴指标中政策措施的分类

（1）*PSE*（A 到 H 合计）
A. 市场价格支持
a. 基于无限制的产出

（续）

b. 基于限制性的产出

c. 价格税

d. 额外的饲料成本

B. 基于产出的支付

a. 基于无限制的产出

b. 基于限制性的产出

C. 基于种植面积（或牲畜数量）的支付

a. 基于无限制的面积或牲畜数量

b. 基于限制性的面积或牲畜数量

D. 基于历史绩效的支付

a. 基于过去的种植面积、牲畜数量或产出

b. 基于历史支持项目

E. 基于使用投入品的支付

a. 基于可变投入的使用

b. 基于农业生产服务

c. 基于固定投入的使用

F. 基于限制投入品的支付

a. 基于对可变投入的限制

b. 基于对固定投入的限制

c. 基于对一系列投入的限制

G. 基于农业总收入的支付

a. 基于农场收入水平

b. 基于最低收入水平

H. 混合支付

a. 全国性支付

b. 地区性支付

（2）*GSSE*（I 到 O 合计）

I. 研究和发展

J. 农业院校

K. 检验服务

L. 基础设施

（续）

M. 营销和推广
N. 公共储备
O. 混合
（3）*CSE*（P 到 S 合计）
P. 消费者向生产者的转移
Q. 消费者向外的其他转移
R. 纳税人向消费者的转移
S. 额外的饲料成本
（4）*TSE*（A 到 O 与 R 的合计）
T. 消费者转移
U. 纳税人转移
V. 预算收入

资料来源：OECD（2000），转引张莉琴（2001）：我国农业政策对农产品的有效保护效果分析。

（2）*GSSE*。*GSSE* 衡量由于向农业提供一般性服务的政策存在而导致的每年的价值转移，不考虑这些政策的性质、目标和对农户生产和收入发生的影响，也不考虑政策对农产品的消费影响。*GSSE* 包括由私人或公共部门向农业提供的一般服务，它是针对农业总体的，而非针对具体生产者或消费者的，这也正是它与 *PSE* 和 *CSE* 的差别。如表 4－1 所示，*GSSE* 包括提高农产品产量（I. 研究和发展），农业培训和教育（J. 农业院校），对食品质量和安全、农业投入品和环境的控制（K. 检验服务），提高农业上下游部门的基础设施水平（L. 基础设施），对农产品营销和推广的支持（M. 营销和推广），农产品公共储备的折价和处理的成本（N. 公共储备），无法分解或者因为缺乏信息而分配到以上各项的其他一般服务（O. 混合）。

（3）*CSE*。*CSE* 衡量由于那些支持农业的政策措施的影响而每年向（或从）农产品消费者进行价值转移（用农场价格计算）的指标，不考虑政策的性质、目标或对农产品消费的影响。如表 4－1 所示，*CSE* 包括：由于消费国内生产的农产品而造成的市场价格支持（P. 消费者向生产者的转移）；向政府预算或进口商，或向两者的价值转移，根据进口占消费的比例确定（Q. 消费者向外的其他转移）；扣除任何用于弥补消费者对特定农产品市场价格支持所作的贡献而进行的支付（R. 纳税人向消费者的转移）；动物养殖中对国产饲料作物的市场价格支付（S. 额外的饲料成本）。*CSE* 如果是负值，则意味着对消费者进行隐蔽征税；如果是正值，则表明消费者得到纳税人或生产者的补贴。

（4）*TSE*。*TSE* 衡量由于农业政策的实施，每年从纳税人和消费者转移到农业的所有价值，不考虑它们的目标及对农场生产和收入或农产品消费的影响。

TSE 包括：农产品消费者向生产者的公开和隐蔽的价值转移（包括在 *MPS* 和 *CSE* 中）、纳税人对农产品生产者的价值转移（包括在 *PSE* 中）、纳税人通过一般服务提供给农业的支持总量（*GSSE*）、纳税人对农产品消费者的价值转移（包括在 *CSE* 中）。因为消费者向生产者的价值转移同样包括在 *MPS* 中，因此，*TSE* 是 *PSE*、*GSSE* 与纳税人向消费者的价值转移之和。*TSE* 衡量了农业支持的总成本，包括消费者（T. 消费者转移）和纳税人（U. 纳税人转移）的成本，扣除预算收入（V. 预算收入）。

4.1.3 %*PSE*、%*CSE*、%*GSSE* 和%*TSE*

（1）%*PSE*。生产者补贴估计可以用绝对量形式——*PSE* 来表示，也可以用百分比形式——%*PSE* 来表示，即 *PSE* 占农场收入的比例，可用公式表示为：

$$\%PSE=\frac{PSE}{P_d \times Q_d + B}\times 100\% \qquad (4-2)$$

$P_d \times Q_d$ 表示用生产者价格计算的农产品产值，*B* 表示对生产者的支付。

如果%*PSE*>0，则表明一国的农业补贴政策为正保护政策；如果%*PSE*<0，则表明一国的农业补贴政策为负保护政策。举例来说，如果%*PSE*=20%，意味着农场收入的20%来自农业补贴政策的作用。

（2）%*CSE*。消费者补贴估计可以用绝对量形式——*CSE* 来表示，也可以用百分比形式——%*CSE* 来表示，即 *CSE* 占用生产者价格表示的消费者净贡献的比例，消费者净贡献为消费支出扣除纳税人对消费者的预算转移。%*CSE* 可用公式表示为：

$$\%CSE=\frac{CSE}{P_d \times Q_c - TC}\times 100\% \qquad (4-3)$$

$P_d \times Q_c$ 表示按生产者价格计算的农产品消费支出，TC 表示纳税人向消费者转移的预算。

举例来说，若%CSE 为－20%，表示消费者向生产者转移的支出占农产品消费总支出的比例为 20%，或者由于农业补贴政策的实施农产品消费支出增加了 20%。

(3)%$GSSE$ 和%TSE。政府一般服务支持估计可以表示为绝对量形式——$GSSE$，也可以表示为占 TSE 的百分比——%$GSSE$，%$GSSE$ 越高，就意味着农业支持措施对农产品生产和消费的个人决策影响越小，对农产品生产和贸易的扭曲就越小。

农业支持总量估计可以表示为绝对量形式——TSE，也可以表示为占 GDP 的比例——%TSE，%TSE 越高，意味着国民财富用于支持农业的比重越高，或者农业支持措施造成的国家负担越重。

4.1.4　*AMS*

乌拉圭回合《农业协议》给出了一种计算农业补贴水平的新方法——*AMS*，即以货币形式表示的有利于农产品生产者的对某一农产品提供的年度支持水平，或指有利于一般农业生产者的非特定产品支持[①]。其公式为：

$$AMS = X_1 + X_2 + X_3 + X_4 + X_5 + X_6 \qquad (4-4)$$

其中：X_1 为价格支持总额，X_2 为营销贷款补贴总额，X_3 为牲畜数量补贴总额，X_4 为面积补贴总额，X_5 为种子肥料灌溉等投入品补贴总额，X_6 为其他有补贴的贷款的补贴总额。

4.2　我国粮食产品“黄箱”支持水平测度

4.2.1　测度方法

本研究重点分析稻谷（代表特定农产品中的大米）、小麦、玉米及大豆四种主要粮食作物的农业政策支持水平，它们属于 WTO 规则中的

① 参见 WTO《农业协议》第一条，术语定义。

特定农产品范畴，因此本研究中我国粮食产品“黄箱”支持水平指特定农产品综合支持量（用 $S:AMS$ 表示），包括特定农产品价格支持（用 $S:MPS$ 表示）和特定农产品不可免除直接补贴两部分，具体测度[①]公式如下：

$$S:AMS=S:MPS+\text{特定农产品不可免除直接补贴} \quad (4-5)$$

$$S:MPS=(P_1-P_0)\times Q-\text{相关税费} \quad (4-6)$$

在式（4－6）中，P_1表示适用的管理价格，本研究指针对稻谷和小麦实施的最低收购价及对玉米和大豆实施的临时收储价格；P_0表示固定的外部参考价格，WTO 规定参考以 1996—1998 年为基期的净出口成员的特定农产品离岸价格或净进口成员的特定农产品到岸价格；Q 表示接受适用管理价格的特定农产品产量，即稻谷和小麦按照最低收购价国家收储的数量及玉米和大豆按照临时收储价格收购的数量。另外，稻谷 2008 年没有启动最低收购价，实施了临时收储政策，因此 2008 年稻谷适用的管理价格和接受适用管理价格的产量分别取当年的临时收储价格和相应的临时收储数量。

4.2.2 数据说明

对特定农产品的不可免除直接补贴包括农作物及畜产品的良种补贴、关内采购东北粳稻和玉米出关运输补贴等，但以农作物良种补贴为主，因此本研究用稻谷、小麦、玉米及大豆良种补贴近似替代相应的不可免除直接补贴，随着 2015 年我国开始推行农业“三项补贴”改革，良种补贴合并到农业支持保护补贴中，因此 2015 年之后不再考虑农作物良种补贴。四种特定粮食作物的良种补贴依据每年各地区补贴标准及补贴面积进行计算而得，补贴标准来自每年农业农村部公布的惠农政策文件，补贴面积数据即稻谷、小麦、玉米及大豆播种面积数据，来自 2005—2019 年《中国统计年鉴》。价格支持水平依据式（4－2）计算而得，稻谷和小麦最低收购价及玉米和大豆临时收储价格来自农业农村部公布的惠农政策文件，特

① 具体测算方法及细节参照朱满德和程国强的《中国农业的黄箱政策支持水平评估：源于 WTO 规则一致性》。

定农产品政策收储量来自相关新闻数据及文献资料等，其中稻谷最低收购价取每年早籼稻、中晚籼稻和粳稻三类稻谷最低收购价的平均值，小麦最低收购价取每年白小麦、红小麦和混合小麦三类小麦最低收购价的平均值。

4.2.3　测度结果

根据式（4－6）和式（4－5）测算我国稻谷、小麦、玉米及大豆的不可免除直接补贴、价格支持水平及“黄箱”支持水平，如表 4－2 所示。

在四大主要粮食作物中，稻谷价格支持政策实施最早，2004 年我国启动实施最低收购价，2008 年最低收购价没有启动，但实施了稻谷临时收储政策。最低收购价在最初实施的 2004—2007 年，三类稻谷均保持不变，分别为早籼稻 1.40 元/千克、中晚籼稻 1.44 元/千克、粳稻 1.50 元/千克。2008—2014 年三类稻谷最低收购价总体呈快速上升趋势，且收储数量也在较快增加，从而使稻谷价格支持水平不断提升，如表 4－2 所示，2014 年我国稻谷价格支持水平达到 176.17 亿元。随着稻谷良种补贴政策 2008 年在全国范围内全覆盖及 2011 年补贴标准的统一，稻谷不可免除直接补贴增长趋势变缓，逐渐稳定在 70 亿元左右。综合来看，2004—2014 年我国稻谷“黄箱”支持水平在不断提升，由 2004 年的 19.90 亿元增加到 2014 年的 176.17 亿元。2015 年以后随着农业支持保护补贴政策的出台，稻谷“黄箱”支持水平仅包括稻谷的价格支持水平，并且随着稻谷最低收购价的下降，稻谷的“黄箱”支持水平也在逐渐降低，2018 年降到 0.27 亿元。

同稻谷一样，2004—2014 年小麦最低收购价、不可免除直接补贴、价格支持水平及“黄箱”支持水平也表现出相似的变化趋势。白小麦、红小麦及混合小麦的最低收购价分别由 2006 年的 1.44 元/千克、1.38 元/千克、1.38 元/千克增长到 2014 年的统一价 2.36 元/千克，但小麦收储量除 2013 年外一直维持在较高水平，因此小麦价格支持水平快速提高。小麦不可免除直接补贴同样先增加后趋稳，维持在 40 亿元左右，“黄箱”支持水平则由 2004 年的 1.00 亿元增加到 2014 年的 204.78 亿元，超过稻谷、大豆和玉米的“黄箱”支持水平。2015 年以后随着农业支持保护补贴

表 4-2 我国特定农产品“黄箱”支持水平估计

单位：亿元

指 标	2004年	2005年	2006年	2007年	2008年	2009年	2010年	2011年	2012年	2013年	2014年	2015年	2016年	2017年	2018年
稻谷															
不可免除直接补贴	19.90	19.57	21.51	24.79	61.51	48.24	62.87	67.64	67.81	68.20	68.20				
价格支持	—	−49.03	−38.23	−2.03	−0.18	−1.63	0.00	0.00	1.15	61.89	107.98	111.40	111.60	79.20	0.27
“黄箱”支持	19.90	−29.45	−16.72	22.76	61.33	46.61	62.87	67.64	68.95	130.09	176.17	111.40	111.60	79.20	0.27
小麦															
不可免除直接补贴	1.00	10.00	10.00	10.00	20.00	36.42	36.53	37.21	37.22	37.02	36.96				
价格支持	—	—	−117.18	−83.30	−93.78	−4.64	11.02	0.00	79.86	46.07	167.82	129.20	147.80	155.80	108.40
“黄箱”支持	1.00	10.00	−107.18	−73.30	−73.78	31.78	47.56	37.21	117.08	83.09	204.78	129.20	147.80	155.80	108.40
玉米															
不可免除直接补贴	1.00	1.00	3.00	3.00	20.00	48.11	50.05	50.31	52.54	54.48	55.69	—	—	—	—
价格支持	—	—	—	—	39.67	82.71	0.00	−25.61	−2.17	29.75	53.74	−24.19	—	—	—
“黄箱”支持	1.00	1.00	3.00	3.00	59.67	130.82	50.05	24.71	50.37	84.23	109.43	−24.19			
大豆															
不可免除直接补贴	1.00	1.00	1.00	1.00	4.00	9.46	8.69	6.47	5.34	4.66	5.10				
价格支持	—	—	—	—	1.45	13.68	12.64	15.82	37.78	14.23	—				
“黄箱”支持	1.00	1.00	1.00	1.00	5.45	23.13	21.33	22.29	43.13	18.89	5.10				

资料来源：表中数据根据相关公式计算而得。“—”表示当年没有出台相应的价格支持政策，“0.00”表示当年出台的价格支持政策没有启动，由于数据缺失，未考虑2014年以后大豆价格支持水平。

政策的出台，小麦“黄箱”支持水平仅包括小麦价格支持水平，且随着小麦最低收购价的降低，小麦“黄箱”支持水平也开始降低，2018 年小麦“黄箱”支持水平降低到 108.40 亿元。

2004—2014 年我国玉米“黄箱”支持水平呈波动上升趋势，由 2004 年的 1.00 亿元增长到 2014 年的 109.43 亿元。2010—2014 年玉米不可免除直接补贴水平基本稳定在 50 亿～56 亿元，“黄箱”支持水平的波动主要受临时收储价格和临时收储数量的影响。2015 年由于临时收储价格的下降及农业支持保护补贴政策的出台，玉米“黄箱”支持水平大幅下降。2016 年以后我国开始实施玉米“价补分离”政策，由于数据缺失，此后未测度其“黄箱”支持水平。

如图 4-1 所示，2004—2013 年，大豆“黄箱”支持水平总体偏低且波动幅度相对较小，最高仅为 43.13 亿元。主要原因是：大豆良种补贴仅在大豆主产区东北三省和内蒙古地区实施，不可免除直接补贴相对较少，低于稻谷、小麦和玉米，且在此期间东北三省和内蒙古地区大豆播种面积出现下滑趋势，不可免除直接补贴相应减少；大豆临时收储政策仅在 2008—2013 年实施，且政策实施区域仅为东北三省和内蒙古地区。2014 年我国放弃大豆临时收储政策，先后实施目标价格政策和“价补分离”政策，由于数据缺失，2015 年及以后未测度其“黄箱”支持水平。

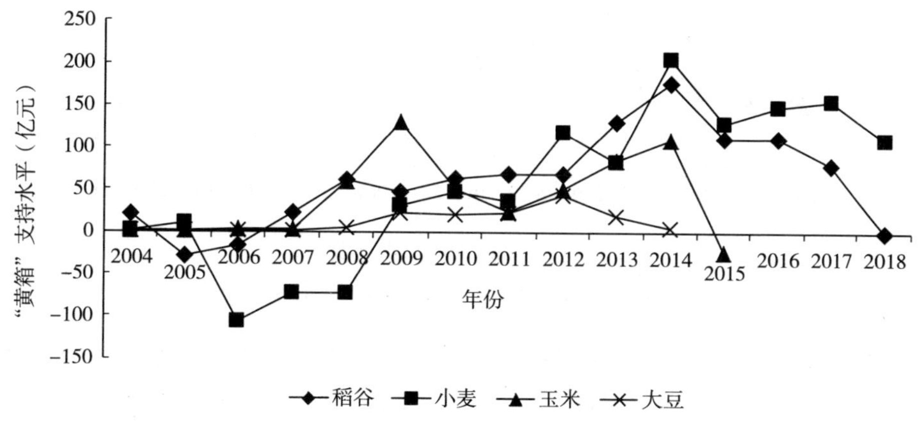

图 4-1　2004—2018 年我国四大粮食作物“黄箱”支持水平

4.3 我国农产品“微量允许”空间测度

4.3.1 特定粮食产品“微量允许”空间测度

(1) 特定粮食产品“微量允许”水平测度。WTO《农业协议》条款规定，如果一国对特定农产品的综合支持量不超过一定比例，则免于减让承诺，对于发展中国家和发达国家这一比例分别为10%、5%，我国为8.5%，因此我国特定粮食产品“微量允许”上限为特定粮食产品产值的8.5%。特定粮食产品产值等于特定粮食产品的价格与产量的乘积，产量数据来自《中国统计年鉴》，价格本研究取各特定粮食产品全国平均出售价，数据来自《全国农产品成本收益资料汇编》。

如图4-2和表4-3所示，我国稻谷、小麦和玉米三种特定农产品的“微量允许”水平随着各自产值的增加逐渐提升，分别由2004年的243.02亿元、116.41亿元、128.60亿元增加到2018年的466.71亿元、250.66亿元、385.83亿元，其中稻谷“微量允许”水平依次高于玉米和小麦。大豆“微量允许”水平较低，2018年为49.71亿元。

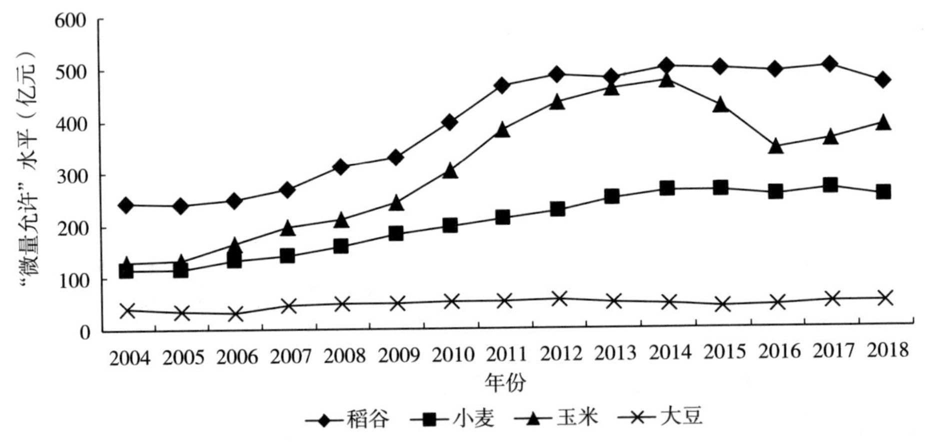

图4-2 2004—2018年我国四大粮食作物“微量允许”水平

(2) 特定粮食产品“微量允许”的政策剩余空间测度。特定粮食产品“微量允许”的政策剩余空间等于“微量允许”水平与“黄箱”支持水平的差值。如表4-3和图4-3所示，我国稻谷和玉米“微量允许”的

表 4-3　我国特定粮食产品“微量允许”水平及政策剩余空间

单位：亿元

指　标	2004年	2005年	2006年	2007年	2008年	2009年	2010年	2011年	2012年	2013年	2014年	2015年	2016年	2017年	2018年
稻谷															
产值	2 859.00	2 804.89	2 930.75	3 176.31	3 663.87	3 887.84	4 654.53	5 458.77	5 703.17	5 632.43	5 895.46	5 855.97	5 775.11	5 863.48	5 490.75
“微量允许”水平	243.02	238.42	249.11	269.99	311.43	330.47	395.64	464.00	484.77	478.76	501.11	497.76	490.88	498.40	466.71
政策剩余空间	223.12	267.87	265.83	247.23	250.10	283.86	332.77	396.36	415.82	348.67	324.94	386.36	379.28	419.20	466.44
小麦															
产值	1 369.53	1 344.94	1 553.45	1 655.58	1 869.25	2 140.84	2 299.82	2 466.21	2 654.46	2 914.86	3 094.85	3 088.63	2 975.39	3 132.40	2 948.99
“微量允许”水平	116.41	114.32	132.04	140.72	158.89	181.97	195.49	209.63	225.63	247.76	263.06	262.53	252.91	266.25	250.66
政策剩余空间	115.41	104.32	239.22	214.02	232.67	150.19	147.93	172.42	108.55	164.67	58.28	133.33	105.11	110.45	142.26
玉米															
产值	1 512.89	1 547.79	1 922.02	2 319.40	2 495.05	2 841.79	3 571.64	4 482.86	5 102.18	5 406.83	5 587.22	4 994.04	4 059.11	4 257.05	4 539.12
“微量允许”水平	128.60	131.56	163.37	197.15	212.08	241.55	303.59	381.04	433.69	459.58	474.91	424.49	345.02	361.85	385.83
政策剩余空间	127.60	130.56	160.37	194.15	152.41	110.73	253.54	356.33	383.32	375.35	365.48	448.68	345.02	361.85	385.83
大豆															
产值	490.75	419.77	379.29	529.63	578.94	560.61	596.71	607.61	635.42	581.68	556.86	490.15	517.34	575.32	584.79
“微量允许”水平	41.71	35.68	32.24	45.02	49.21	47.65	50.72	51.65	54.01	49.44	47.33	41.66	43.97	48.90	49.71
政策剩余空间	40.71	34.68	31.24	44.02	43.76	24.52	29.39	29.36	10.88	30.55	42.23	41.66	43.97	48.90	49.71

注：政策剩余空间=“微量允许”水平－“黄箱”支持水平。

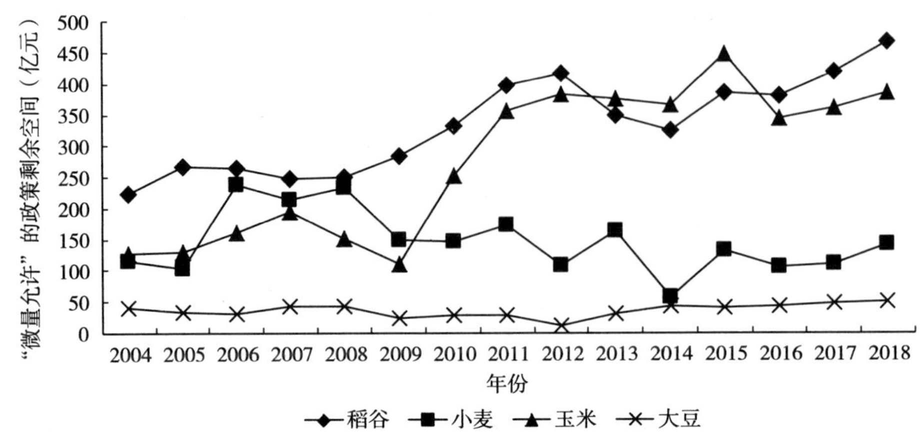

图 4-3　2004—2018 年我国四大粮食作物“微量允许”的政策剩余空间

政策剩余空间尚处于较高水平，2018 年分别为 466.44 亿元和 385.83 亿元。2006—2014 年小麦“微量允许”的政策剩余空间呈现下降趋势，2015 年以后呈上升趋势，2018 年小麦“微量允许”的政策剩余空间为 142.26 亿元。大豆“微量允许”的政策剩余空间水平较低，2018 年为 49.71 亿元。

4.3.2　我国非特定农产品“微量允许”空间测度

同特定农产品“微量允许”空间测度类似，根据 WTO《农业协议》条款规定，我国非特定农产品“微量允许”水平为我国农业总产值（农林牧渔业总产值与渔业总产值的差值）的 8.5%，其他发展中国家和发达国家分别为 10%和 5%。非特定农产品的“微量允许”的政策剩余空间等于其“微量允许”水平与“黄箱”支持水平的差值，其中非特定农产品的“黄箱”支持水平包括对非特定农产品的生产投入补贴及信贷利息补贴等，以农资综合补贴和农机购置补贴为主，但由于 2015 年国家进行农业“三项补贴”改革工作，农资综合补贴合并到农业支持保护补贴中，因此 2015 年之前用农资综合补贴与农机购置补贴之和近似表示我国非特定农产品“黄箱”支持水平，2015 年之后用农机购置补贴近似代表我国非特定农产品“黄箱”支持水平，不再考虑农资综合补贴。

如表 4-4 和图 4-4 所示，随着我国农业总产值的逐年增加，非特定农产品“微量允许”水平也随之不断提高，由 2004 年的 2 773.84 亿元提高到 2018 年的 8 626.48 亿元。非特定农产品“微量允许”的政策剩余空间呈上升趋势，2018 年为 8 452.48 亿元，“黄箱”支持水平仅占农业总产值的 0.17%，约占“微量允许”水平的 2%，政策剩余空间充裕。

表 4-4　我国非特定农产品“微量允许”水平

单位：亿元

指标	2004 年	2005 年	2006 年	2007 年	2008 年	2009 年	2010 年	2011 年
农业总产值	32 633	35 435	36 840	44 436	52 799	54 735	62 897	73 736
“微量允许”水平	2 773.84	3 011.96	3 131.43	3 777.02	4 487.90	4 652.44	5 346.28	6 267.55
“黄箱”支持水平	0.70	3.00	126.00	309.00	718.00	886.00	980.00	1 035.00
政策剩余空间	2 773.14	3 008.96	3 005.43	3 468.02	3 769.90	3 766.44	4 366.28	5 232.55

指标	2012 年	2013 年	2014 年	2015 年	2016 年	2017 年	2018 年
农业总产值	80 747	87 361	91 892	91 554	95 586	97 755	101 488
“微量允许”水平	6 863.50	7 425.66	7 810.80	7 782.09	8 124.81	8 309.18	8 626.48
“黄箱”支持水平	1 293.00	1 289.00	1 308.50	228.00	228.00	186.00	174.00
政策剩余空间	5 570.50	6 136.66	6 502.30	7 554.09	7 896.81	8 123.18	8 452.48

资料来源：原始数据来源于 2005—2019 年《中国统计年鉴》，通过计算整理所得。

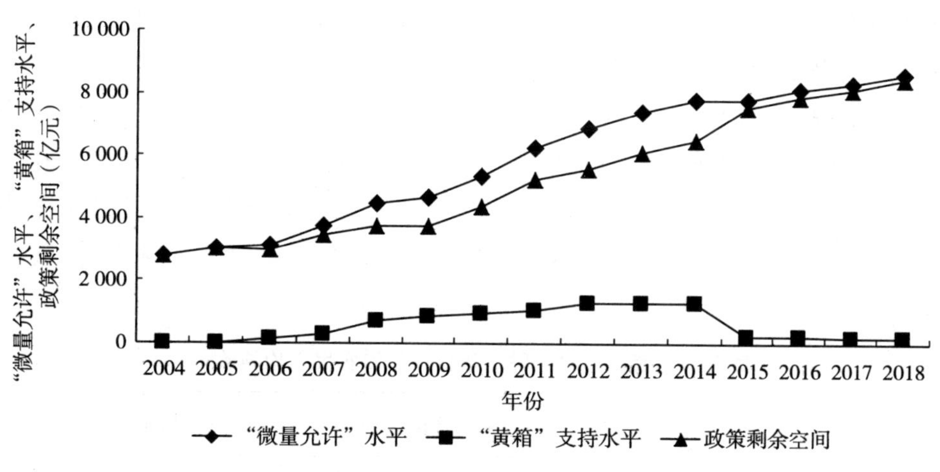

图 4-4　2004—2018 年我国非特定农产品“微量允许”水平

第5章　我国粮食补贴政策效应的实证分析

本章对我国粮食补贴政策的总体效应及主要粮食补贴政策的效应进行实证分析，以明确其成效与问题，为粮食补贴政策的调整完善提供依据。

5.1　我国粮食补贴政策总体效应的实证分析

5.1.1　粮食补贴政策的产量效应与收入效应分析

粮食补贴政策实施的初衷是提高农民种粮积极性，稳定并提高粮食产量，继而保障并提高农民农业生产性收入，尤其是2003年我国粮食播种面积与粮食产量急剧下降，粮食补贴政策实施的目的及意义变得更加明确。相关学者从微观调查数据入手，构建数学模型实证分析了我国粮食补贴政策的作用路径及效果差异等。本研究运用皮尔逊相关性检验，进一步从宏观角度评估我国粮食补贴政策的总体效应。

运用表5-1中的数据进行皮尔逊相关性检验，分析表明，粮食补贴政策与粮食产量及农民人均纯收入之间存在较强的正相关关系，皮尔逊相关系数分别高达0.964和0.880（表5-2），从宏观层面印证了粮食补贴政策对提高粮食产量、促进农民增收及保障国家粮食安全发挥着重要作用。

表5-1　我国粮食补贴、粮食产量和农民人均纯收入

年份	粮食补贴总额（亿元）	粮食产量（万吨）	农民人均纯收入（元）
2002	1.00	45 706	2 476
2003	3.20	43 070	2 622
2004	139.60	46 947	2 936

（续）

年份	粮食补贴总额（亿元）	粮食产量（万吨）	农民人均纯收入（元）
2005	166.57	48 402	3 255
2006	303.51	49 804	3 587
2007	498.79	50 414	4 140
2008	974.51	53 434	4 761
2009	1 179.22	53 941	5 153
2010	1 289.14	55 911	5 919
2011	1 347.64	58 849	6 977
2012	1 606.92	61 223	7 917
2013	1 604.36	63 048	8 896
2014	1 625.45	63 965	9 892
2015	1 615.48	66 060	11 422
2016	1 632.91	66 044	12 363
2017	1 712.08	66 161	13 432
2018	1 721.71	65 789	14 617

资料来源：粮食补贴数据来源于农业农村部网站、中国新闻网，粮食产量和农民人均纯收入数据来源于《中国统计年鉴》、国民经济和社会发展统计公报，并经笔者整理计算而得。

表 5－2　皮尔逊相关性检验结果

指标	粮食产量	农民人均纯收入
粮食补贴总额	0.964**	0.880**

注：** 表示在 5%的显著水平下通过检验。

5.1.2　农民对粮食补贴政策的满意度分析

（1）数据来源。为明确粮食补贴政策效应及农业生产情况，笔者安排研究生分别于 2013 年 10—12 月、2014 年 6—8 月赴安徽省合肥市、淮南市、马鞍山市、阜阳市、界首市等地开展入户问卷调研，问卷包括三个部分：农户的基本情况、农业生产情况和农户对粮食补贴政策的认知。调研中共发放调查问卷 200 份，收回问卷 200 份，其中有效问卷 197 份，有效率 98.5%。

（2）满意度分析。问卷中设计了农户对不同粮食补贴政策满意度评价的问题，直观反映了农户对不同粮食补贴政策的认知情况。

如表5-3所示，农户对粮食补贴政策的综合评价中非常满意（18.1%）和满意（66.0%）之和达84.1%，不满意的仅占9.5%，还有6.4%的农户持无所谓的态度，总体而言，绝大多数农户对一系列粮食补贴政策的实施是满意的。

表5-3 农户对各项粮食补贴政策的满意度

单位：%

补贴政策	非常满意	满意	不满意	无所谓
粮食直接补贴	13.6	42.6	13.2	30.6
良种补贴	25.5	58.5	6.4	9.6
农机购置补贴	16.0	54.2	9.6	20.2
农资综合补贴	26.6	47.9	14.9	10.6
最低收购价	34.1	45.7	13.8	6.4
粮食补贴综合评价	18.1	66.0	9.5	6.4

细化到不同的粮食补贴政策上，对于粮食直接补贴政策，非常满意仅占13.6%，满意占42.6%，不满意占13.2%，无所谓占30.6%，非常满意和满意占比之和低于其他四种补贴政策，主要原因在于粮食直接补贴资金占农民收入水平的比例小，补贴带来的效用偏低。农户对农机购置补贴政策持无所谓态度的占比高达20.2%，因为购置农用大型机械者以种粮大户居多，因此对占多数的普通农户而言，农机购置补贴政策与其自身利益关系较小。但对农机购置补贴政策不满意的农户仅占9.6%，这表明虽然享受农机购置补贴政策的农户较少，但绝大多数农户对该政策还是持支持态度的。农户对农资综合补贴政策和最低收购价政策的态度大体相近，满意程度较高，因为农资综合补贴与生产投入密切相关，而最低收购价直接关系到既定农业产出的收入高低。

5.2 我国主要粮食补贴政策效应的实证分析

5.2.1 直接支付政策效应的实证分析

5.2.1.1 直接支付政策的产量效应分析

目前已有研究对粮食补贴政策如何发挥作用存在分歧，但一致的结论是粮食补贴政策促进了粮食产量的增加。这种正向拉动作用是不同粮食补贴政策通过不同的作用路径共同发挥作用的结果，其间或许存在着正负相抵的力量。在对各粮食补贴政策作用效果进行对比分析时，已有研究采用的灰色关联度（邓氏关联度）方法恰恰忽略了这一点，该方法所得结果受变异系数取值的影响且所得关联系数、关联度均为正值，无法体现变量序列之间的负相关性，这就提前假定了不同粮食补贴政策均能促进粮食产量的增加，略有偏颇。故本研究采用改进的灰色关联度测算方法中的 T 型关联度对 2003—2015 年实施的粮食直接补贴政策、粮食作物的良种补贴政策、农资综合补贴政策，以及农机购置补贴等直接支付政策的效应进行对比分析，有效规避了邓氏关联度测算方法中存在的缺陷，更能准确地反映出不同粮食补贴政策对粮食产量的影响。

（1）模型介绍。

①灰色关联度理论。灰色关联度理论由邓聚龙教授于 20 世纪 80 年代提出，根据两个或多个因素之间发展态势的相似或差异程度来衡量不同因素之间的关联程度。为区别于后来学者们改进的灰色关联度，该方法又称为邓氏关联度。首先要确定一个参考序列（又称母序列），用能够对其产生影响的其他相关序列（又称子序列）与之对比，从而判断各相关序列对参考序列的影响程度。该方法对样本量的要求较小，克服了其他统计分析方法的局限，如要求大样本量，样本具有较好的分布规律，计算量大，可能出现量化结果与定性分析结果不一致等（邓聚龙，1987）。其计算方法如下：

$$\xi_i(k)=\frac{\text{min}i\ \text{min}k\left|x_0(k)-x_i(k)\right|+0.5\ \text{max}i\ \text{max}k\left|x_0(k)-x_i(k)\right|}{\left|x_0(k)-x_i(k)\right|+0.5\ \text{max}i\ \text{max}k\left|x_0(k)-x_i(k)\right|} \tag{5-1}$$

式（5-1）中，$\xi_i(k)$ 为关联系数，$x_0(k)$ 为参考序列（已经无量纲化处理），$x_i(k)$ 为关联序列（已经无量纲化处理），k 为某一序列的样本数，i 为关联序列个数，0.5 为分辨系数，记为 ζ，取值在（0，1），通常取 0.5。再根据下式即可求得序列之间的关联度：

$$r_i=\frac{\sum_{k=1}^{n}\xi_i(k)}{n} \tag{5-2}$$

式（5-2）中，r_i即为序列的关联度。需要注意的是，在进行关联系数计算前，为避免不同序列之间的量纲差异，首先对各序列进行无量纲化处理，常用的方法有 min-max 法、均值法、Z-score 标准化法等。

②改进的灰色关联度（T 型关联度）。灰色关联度理论自创建以来经过不同学者的改进，形成了绝对关联度、T 型关联度、斜率关联度、B 型关联度等测度方法。本研究根据模型处理的需要，选取 T 型关联度，该关联度由唐五湘进行改进，可以体现序列之间的负相关、消除分辨系数对关联度的影响等（唐五湘，1995），其计算方法如下：

首先，进行标准化处理：

令

$$D_i = \frac{\sum_{k=2}^{n} |x_i(t_k) - x_i(t_{k-1})|}{n-1} \tag{5-3}$$

则标准化序列为 $y_i = \{x_i(t_k)/D_i，k=1，2，\cdots，n\}$，$t_k$ 表示将原序列分段时某一段点的标志。$i=0$ 时，x_i、y_i 表示参考序列；$i>0$ 时，x_i、y_i 表示关联序列。

其次，求一阶差分序列：

$$\Delta y_i = \Delta y_i(t_k) = y_i(t_k) - y_i(t_{k-1})，k=2，3，\cdots，n$$

对标准化后的参考序列和目标序列求一阶差分，则一阶差分序列的个数比原序列个数少 1 个。

再次，确定各时段关联系数：

$$\xi_i(t_k) = \begin{cases} \mathrm{sgn}(\Delta y_0(t_k) \cdot \Delta y_i(t_k)) \cdot \dfrac{\min(|\Delta y_0(t_k)|, |\Delta y_i(t_k)|)}{\max(|\Delta y_0(t_k)|, |\Delta y_i(t_k)|)} \\ 0, \text{当 } \Delta y_0(t_k) \cdot \Delta y_i(t_k) = 0 \text{ 时} \end{cases} \tag{5-4}$$

式（5-4）中，Δy_0 表示参考序列的一阶差分序列，Δy_i 表示关联序列的一阶差分序列（$i>0$），$\mathrm{sgn}(\Delta y_0(t_k) \cdot \Delta y_i(t_k))$ 仅起着决定关联系数正负的作用，若 $\Delta y_0(t_k) \cdot \Delta y_i(t_k) > 0$，则 $\mathrm{sgn}(\Delta y_0(t_k) \cdot \Delta y_i(t_k))$ 取值为 1，反之则取值-1。

最后，计算关联度，关联序列 x_i 与参考序列 x_0 的关联度为：

$$r_i(x_0,x_i)=\frac{\sum_{k=2}^{n}\Delta t_k \cdot \xi_i(t_k)}{b-a} \qquad (5-5)$$

式（5－5）中，a、b 表示时间区间的两个极值，且 $b>a$；Δt_k 表示两序列在某一分段区间的权数，$\Delta t_k = t_k - t_{k-1}$。

（2）实证分析。

①变量、数据的选取。2015年以前，选取我国粮食总产量作为参考序列 X_0，选取粮食直接补贴（X_1）、粮食作物良种补贴[①]（X_2）、农机购置补贴（X_3）、农资综合补贴（X_4）、农民收入（X_5）作为相关序列。由于四种粮食补贴政策实施的年份不同，因而样本量存在差异，为保证各序列的样本量一致，本研究选取2006—2015年的数据进行实证分析。

2015年之后，农业“三项补贴”改革推行，粮食直接补贴、粮食作物良种补贴、农资综合补贴“三项补贴”合并为农业支持保护补贴，因此仍选取我国粮食总产量作为参考序列 X_0，选取农机购置补贴（X_3）、农民收入（X_5）、农业支持保护补贴（X_6）作为相关序列进行实证分析。

如表5－4所示，2006—2015年我国粮食总产量逐年递增，2015年高达66 060万吨，比2014年增长2 095万吨。除粮食直接补贴外，其余三项粮食补贴投入总体也呈逐年递增趋势，其中农资综合补贴投入力度最大，2012年以来每年投入金额均超过1 000亿元。粮食作物良种补贴和农机购置补贴金额均逐年稳定增加，2015年分别为167.53亿元、236亿元。粮食直接补贴投入较为稳定，稳定在140亿元以上。农民收入逐年递增。

如表5－5所示，2016—2018年我国粮食总产量有所下降，2018年比2016年减少255万吨。随着农机数量的逐渐增加，我国基本完成农机购置的“原始积累”，农机购置补贴金额也逐渐减少。农民收入仍然处于增长状态，2018年达到14 617元，比2016年增长了18.2%。农业支持保护补贴稳定增长，2018年比2016年增长了10.2%。

① 粮食作物良种补贴指稻谷、小麦、玉米和大豆四种粮食作物每年良种补贴的金额总量，根据全国不同地区具体补贴的标准及各品种播种面积计算而得。

表 5-4　2006—2015 年我国粮食总产量、补贴、农民收入

年份	粮食总产量（X_0，万吨）	粮食直接补贴（X_1，亿元）	粮食作物良种补贴（X_2，亿元）	农机购置补贴（X_3，亿元）	农资综合补贴（X_4，亿元）	农民收入（X_5，元）
2006	49 804	142	35.51	6	120	3 587
2007	50 414	151	38.79	33	276	4 140.4
2008	53 434	151	105.51	40	678	4 760.6
2009	53 941	151	142.22	130	756	5 153.2
2010	55 911	151	158.14	145	835	5 919
2011	58 849	151	161.64	175	860	6 977.3
2012	61 223	151	162.92	215	1 078	7 916.6
2013	63 048	151	164.36	218	1 071	8 895.6
2014	63 965	151	165.95	238	1 071	10 488.9
2015	66 060	141	167.53	236	1 071	11 421.7

资料来源：《中国统计年鉴》、农业农村部网站、中国新闻网、《中国农村统计年鉴》等，并经笔者整理计算而得。

表 5-5　2016—2018 年我国粮食总产量、农机购置补贴、农民收入、农业支持保护补贴

年份	粮食总产量（X_0，万吨）	农机购置补贴（X_3，亿元）	农民收入（X_5，元）	农业支持保护补贴（X_6，亿元）
2016	66 044	228	12 363.4	1 404.91
2017	66 161	186	13 432.4	1 526.08
2018	65 789	174	14 617	1 547.71

资料来源：《中国统计年鉴》、农业农村部网站、中国新闻网、《中国农村统计年鉴》等，并经笔者整理计算而得。

②关联系数测算。根据 T 型关联度测算方法，得关联系数如表 5-6 和表 5-7 所示。

由于粮食直接补贴金额在 2007—2014 年稳定在 151 亿元，故其 2007—2013 年的关联系数为 0。而 2006 年、2015 年粮食直接补贴金额分别为 142 亿元、141 亿元，恰好规避了常数列不能作为影响系统主行为有效因素的缺陷（T 型关联度测算的缺陷）（查金茂，1997）。ξ_3 在 2014 年、ξ_4 在 2012 年的关联系数为负值，这正是 T 型关联度测度方法优于邓氏关

表 5－6　2006—2014 年粮食补贴、农民收入与粮食总产量的关联系数

年份	ξ_1	ξ_2	ξ_3	ξ_4	ξ_5
2006	0.076 9	0.666 7	0.315 8	0.225 3	0.475 2
2007	0.000 0	0.356 8	0.165 8	0.432 9	0.472 2
2008	0.000 0	0.108 0	0.078 7	0.374 6	0.561 6
2009	0.000 0	0.981 5	0.544 8	0.695 9	0.893 8
2010	0.000 0	0.151 9	0.730 6	0.147 7	0.828 3
2011	0.000 0	0.068 2	0.829 5	0.627 6	1.099 2
2012	0.000 0	0.099 8	0.117 6	−0.066 6	0.810 7
2013	0.000 0	0.219 4	0.640 8	0.000 0	0.250 3
2014	0.237 4	0.095 4	−0.068 3	0.000 0	0.976 7

资料来源：根据式（5－4）计算而得。

表 5－7　农机购置补贴、农民收入、农业支持保护补贴与粮食总产量的关联系数

年份	ξ_3	ξ_5	ξ_6
2016	−0.307 6	0.504 4	0.282 0
2017	0.292 1	−0.691 0	−0.199 1

资料来源：根据式（5－4）计算而得。

联度方法的体现，相关序列与参考序列之间可能存在负相关关系。粮食总产量在 2016—2018 年呈现下降趋势，而农民收入与农业支持保护补贴均是增长的，因此 ξ_5、ξ_6 在 2017 年的关联系数为负值。由于数据时间较短，下文不作进一步分析。

③关联度测算。根据 T 型关联度测算方法中式（5－5）计算各关联度并根据关联度大小排序，如表 5－8 所示。

其一，在 2006—2015 年，农民收入与粮食总产量之间的关联度最高，为 0.707 6，远高于粮食补贴与粮食总产量之间的关联度。粮食总产量的上升带动农民收入的增加，农民收入的增加反过来也会对粮食总产量产生积极的促进作用。

表 5-8 粮食补贴、农民收入与粮食总产量的关联度

项目	$r_1(x_0, x_1)$	$r_2(x_0, x_2)$	$r_3(x_0, x_3)$	$r_4(x_0, x_4)$	$r_5(x_0, x_5)$
关联度	0.034 9	0.305 3	0.372 8	0.270 8	0.707 6
排名	5	3	2	4	1

其二，农机购置补贴政策。该政策与粮食总产量的关联度仅次于农民收入，为 0.372 8。虽然农机购置补贴政策的受益群体窄于其余三项补贴政策，但其效果明显，意义重大。现代农业机械的运用是农业现代化的标志之一，可以有效提高农业生产效率，方便农户扩大种植面积，实现规模经营，继而产生规模经济效益。

其三，粮食作物良种补贴政策。该政策与粮食总产量的关联度排名第三。相比其他三项补贴政策，粮食作物良种补贴政策实施年限最长，且补贴金额逐年增加，由 2006 年的 35.51 亿元增长到 2015 年的 167.53 亿元。优良品种的使用不仅可以增加耕地单位面积产量，且个别优良品种具有抗病虫害、抗倒伏等能力，能够缩减农业生产成本、规避自然灾害导致的作物减产，因此粮食作物良种补贴政策对农业生产的意义重大，与粮食总产量的关联度也较高。

其四，农资综合补贴政策。该政策与粮食总产量的关联度排名第四，为 0.270 8，但远高于排在末位的粮食直接补贴政策。随着每年物价水平的上涨，农户用于农业生产的农药、化肥等农业生产资料的支出逐渐加大，农资综合补贴政策的实施可以有效弥补农业生产资料价格上涨带来的成本增加，促进农户加大对农业生产资料的投入力度，继而带动产出的增加，因此农资综合补贴具有其实施的客观必然性。

其五，粮食直接补贴政策。该政策与粮食产量的关联度最低，关联度仅为 0.034 9，远低于其余三项补贴政策。总体而言，我国粮食直接补贴政策投入相对较为稳定，但其在粮食补贴总额中所占的比例在逐渐下降，是四项粮食补贴政策中唯一一个补贴金额下降的补贴政策。随着农民收入水平的不断提高，粮食直接补贴资金占农户总收入的比例较小，对农户产生的生产性刺激甚微，因此政策效应在减弱，与粮食总产量的关联度较低。

5.2.1.2　直接支付政策的收入效应分析

采用 T 型关联度对四大主要粮食补贴政策与农民人均纯收入之间的关联性进行测算分析，母序列选取 2006—2015 年我国农民人均纯收入，关联系数和关联度的测算结果见表 5-9 和表 5-10。

表 5-9　粮食补贴与农民人均纯收入的关联系数

年份	ξ_1	ξ_2	ξ_3	ξ_4
2006	0.153 1	0.351 7	0.608 4	0.436 9
2007	0.000 0	0.156 6	0.380 3	0.190 0
2008	0.000 0	0.180 2	0.129 5	0.619 9
2009	0.000 0	0.180 2	0.659 9	0.837 6
2010	0.000 0	0.196 5	0.955 1	0.191 8
2011	0.000 0	0.080 7	0.697 0	0.530 7
2012	0.000 0	0.087 5	0.103 2	−0.058 0
2013	0.000 0	0.094 5	0.659 6	0.000 0
2014	0.362 7	0.061 5	−0.023 1	0.000 0

资料来源：根据式（5-4）计算而得。

表 5-10　粮食补贴与农民人均纯收入间的关联度

项目	$r_1(x_0, x_1)$	$r_2(x_0, x_2)$	$r_3(x_0, x_3)$	$r_4(x_0, x_4)$
关联度	0.057 3	0.154 4	0.463 3	0.305 4
排名	4	3	1	2

资料来源：根据式（5-5）计算而得。

总体来看，四项粮食补贴政策与农民人均纯收入之间的关联度分别高于其与粮食产量之间的关联度，这表明粮食补贴政策对提高农民人均纯收入的作用要强于对粮食产量的促进作用。因为粮食补贴与收入之间除了直接的作用关系外，还有一层关系通过粮食产量传导，在上文中已阐述，此处仅对两者之间的直接作用进行分析。

其一，农机购置补贴政策。该政策与农民人均纯收入的关联度最高，关联度高达 0.463 3，排名较农机购置补贴政策与粮食产量间的关联度排名上升一位。农机购置对农民而言，是一项巨大的农业生产性支出，通用类农机设备补贴金额由农业农村部统一确定，非通用类由各省区市自行确定，单机补贴额不超过 5 万元，补贴金额相对农民人均纯收入较大，因此农机购置补贴与否及补贴的标准高低等对农民人均纯收入的直接影响最大。

其二，农资综合补贴政策。该政策与农民人均纯收入的关联度排名第二，关联度略低于农机购置补贴。随着物价水平的逐年上涨，农业生产中化肥、农药等生产资料的投入也逐年增加，且这些生产资料占农业生产成本的比例较高，2014 年我国稻谷、小麦、玉米、大豆四种主要粮食作物生产的物质与服务费用分别为 470 元/亩、419 元/亩、365 元/亩和 203 元/亩，占各自生产成本的 48.4%、53.5%、43.5%和 48.4%。实施农资综合补贴政策能够抵消农业生产资料价格上涨带来的成本增加，支出的减少意味着收入的增长，因此农资综合补贴政策与农民人均纯收入的关系较强。

其三，粮食作物良种补贴政策。该政策与农民人均纯收入的关联度排名第三，且关联度偏低，仅约为第二位（农资综合补贴）的一半，这表明粮食作物良种补贴政策对农民收入水平提升的贡献较小，该政策主要促进粮食产量的提升。粮食作物良种补贴与农民人均纯收入、粮食产量之间关联度的差异表明，粮食作物良种补贴对粮食产量的影响较大，主要通过影响粮食产量间接影响农民人均纯收入水平。

其四，粮食直接补贴政策。该政策与农民人均纯收入的关联度最低，为 0.057 3，略高于该政策与粮食产量的关联度，关联度排名仍为第四，表明粮食直接补贴政策对粮食产量和农民人均纯收入的促进作用均比较弱。

5.2.2 价格支持政策效应的实证分析

(1) 价格支持政策的产量效应分析。按上述方法，在 T 型关联度子序列中引入价格支持政策变量 X_7，用特定农产品价格支持 S：*MPS*（第 4 章已计算）表示，代表主要粮食作物最低收购价政策及临时收储政策的财政投入总额，计算价格支持政策与粮食产量的关联度，结果见表 5-11。

表 5-11　价格支持政策与粮食产量的关联度

项目	$r_1(x_0, x_1)$	$r_2(x_0, x_2)$	$r_3(x_0, x_3)$	$r_4(x_0, x_4)$	$r_7(x_0, x_7)$
关联度	0.034 9	0.305 3	0.372 8	0.270 8	0.058 7
排名	5	2	1	3	4

如表 5-11 所示，2006—2015 年，$r_7(x_0, x_7)$ 为价格支持政策与粮食产量的关联度，在五项政策中，价格支持政策与粮食产量的关联度排名靠后，仅高于粮食直接补贴政策与粮食产量的关联度，表明价格支持政策对农民粮食生产的引导作用不太大。

（2）价格支持政策的收入效应分析。基于上述方法，将价格支持政策引入粮食补贴政策与农民人均纯收入 T 型关联度模型的子序列中，计算价格支持政策与农民人均纯收入的关联度，结果见表 5-12。

表 5-12　价格支持政策与农民人均纯收入的关联度

项目	$r_1(x_0, x_1)$	$r_2(x_0, x_2)$	$r_3(x_0, x_3)$	$r_4(x_0, x_4)$	$r_7(x_0, x_7)$
关联度	0.057 3	0.154 4	0.463 3	0.305 4	0.303 4
排名	5	4	1	2	3

如表 5-12 所示，2006—2015 年，价格支持政策与农民人均纯收入的关联度为 0.303 4，且与排名第二的农资综合补贴政策相近，表明价格支持政策对农民人均纯收入的影响较大。对比价格支持政策与粮食产量的关联度，两者的差异体现出不同惠农政策的作用路径不同及实施目标的优先序不同，粮食直接补贴政策、粮食作物良种补贴政策、农机购置补贴政策及农资综合补贴政策主要影响粮食生产，通过粮食产量的变动影响收入水平，政策实施的第一目标是提高粮食产量，保障粮食安全。而以最低收购价政策和临时收储政策为代表的价格支持政策主要影响粮食销售，直接影响农民收入水平，同时价格支持政策还会引导农民生产预期，进而影响粮食生产，因此价格支持政策的第一目标是提高农民收入水平。

（3）价格支持政策对下游生产成本的影响分析。目前，我国农产品市场已经形成了最低收购价、目标价格及销售价格的三元价格体系，三种价格之间会存在不同程度的预期引导作用，尤其是政府主导的支持价格，会对市场价的提高产生一定的引力。而主要粮食品种价格的提高势必会抬升相关粮食加工产品的价格，从而对下游生产者产生影响。

生猪和肉鸡养殖的精饲料主要来源于稻谷、小麦、玉米及大豆的初加工或精深加工，因此选取生猪和肉鸡养殖来分析价格支持政策对下游生产成本的影响具有很好的代表性。采用皮尔逊相关系数衡量价格支持政策对下游生猪及肉鸡养殖中精饲料成本投入的影响（表 5-13），为保证时间序列数据的一致性，选取 2005—2018 年的数据进行实证分析，运用 SPSS19.0 进行皮尔逊相关性检验，结果见表 5-14。

如表 5-14 所示，价格支持政策与下游生猪及肉鸡养殖精饲料成本之间存在显著的正相关，且相关性较强，相关系数分别高达 0.842、0.794，表明农产品价格支持政策的实施会抬高下游相关产业的生产成本，压缩下游相关产业的利润空间。在下游生产成本收益严重失衡的情况下，部分企业会选择停产。

表 5-13 价格支持量与下游相关生产成本

年份	综合支持量（亿元）	生猪养殖精饲料成本（元/头）	肉鸡养殖每百只精饲料成本（元）
2001	—	322.10	886.58
2002	—	305.99	848.47
2003	—	337.94	893.21
2004	—	414.72	1 053.17
2005	−49.03	408.00	1 007.80
2006	−155.41	444.10	1 018.19
2007	−85.33	536.77	1 156.90
2008	−52.83	636.41	1 294.14
2009	90.12	654.61	1 452.53
2010	23.66	718.78	1 577.43
2011	−9.79	804.71	1 755.40
2012	116.61	877.27	1 870.46
2013	151.93	922.50	1 875.42
2014	329.54	938.19	1 876.14

（续）

年份	综合支持量（亿元）	生猪养殖精饲料成本（元/头）	肉鸡养殖每百只精饲料成本（元）
2015	216.41	901.30	1 833.40
2016	259.40	863.09	1 724.68
2017	235.00	850.00	1 703.24
2018	108.67	878.41	1 890.29

注：综合支持量为稻谷、小麦、大豆和玉米最低收购价或临时收储价格支持政策的财政投入之和，由笔者根据相关数据计算而得；生猪和肉鸡养殖精饲料成本为全国小规模、中规模和大规模生猪及肉鸡养殖精饲料成本的平均值，原始数据来源于 2002—2019 年《全国农产品成本收益资料汇编》。

表 5-14　皮尔逊相关性检验结果

指标	综合支持量	生猪养殖精饲料成本	肉鸡养殖每百只精饲料成本
综合支持量	1	0.842**	0.794**

注：** 表示在 5%的显著水平下通过检验。

（4）价格支持政策的价格扭曲效应分析。粮食价格支持政策包括最低收购价政策和临时收储政策。粮食价格支持政策的实施会引导市场销售价格预期，对粮食正常市场价格形成产生一定的影响，即价格扭曲，本研究用粮食价格偏离度表示价格扭曲的程度，具体计算公式如下：

$$粮食价格偏离度=\frac{粮食国内市场价格}{粮食国际市场价格}-1 \qquad (5-6)$$

所用数据情况是：粮食国内市场价格采用《全国农产品成本收益资料汇编》中各类粮食每 50 千克产品市场销售价格近似替代，粮食国际市场价格用各类粮食进口价格表示（粮食进口额与粮食进口量的比值）。稻谷和小麦支持价格采用其最低收购价，其中稻谷 2008 年采用临时收储价，大豆和玉米支持价格采用临时收储价。根据式（5-6）计算各种粮食品种的价格偏离度如表 5-15 所示。

如表 5-15 和图 5-1 所示，2012 年以后四大粮食品种的价格偏离度均为正，这意味着四大粮食品种的国内价格均高于国际市场价格，且在 2012—2015 年呈现出上升趋势。2016 年以后，由于稻谷和小麦的最低收购价格下调及玉米和大豆实施“价补分离”政策，价格偏离度开始下降，国内粮食价格开始向“市场价格”回归。

表 5－15　四大主要粮食作物支持价格与市场价格偏离度

年份	稻谷		小麦		大豆		玉米	
	价格偏离度	支持价格（元/千克）	价格偏离度	支持价格（元/千克）	价格偏离度	支持价格（元/千克）	价格偏离度	支持价格（元/千克）
2002	−0.47	—	−0.31	—	0.22	—	−0.55	—
2003	−0.45	—	−0.28	—	0.36	—	−0.87	—
2004	−0.17	—	−0.21	—	−0.01	—	−0.68	—
2005	−0.29	1.450 0	−0.23	—	0.07	—	−0.64	—
2006	−0.28	1.446 7	−0.08	1.400 0	0.19	—	−0.08	—
2007	−0.31	1.446 7	−0.31	1.400 0	0.46	—	0.14	—
2008	−0.38	1.860 0	−0.36	1.473 3	−0.09	3.70	−0.20	1.50
2009	−0.31	1.846 7	0.16	1.686 7	0.22	3.74	0.01	1.50
2010	−0.28	1.966 7	0.14	1.746 7	0.25	3.80	0.18	1.80
2011	−0.12	2.246 7	−0.04	1.873 3	0.12	4.00	−0.01	1.98
2012	0.28	2.566 7	0.15	2.040 0	0.25	4.60	0.09	2.12
2013	0.32	2.780 0	0.12	2.240 0	0.26	4.60	0.23	2.24
2014	0.35	2.853 3	0.20	2.360 0	0.27	—	0.30	2.24
2015	0.41	2.853 3	0.26	2.360 0	0.50	—	0.45	2.00
2016	0.31	2.840 0	0.42	2.360 0	0.43	—	0.36	—
2017	0.25	2.773 3	0.40	2.300 0	0.33	—	0.13	—
2018	0.05	2.506 7	0.22	2.240 0	0.28	—	0.19	—

注：表中“—”表示当年未实施价格支持政策。

为进一步探究粮食价格偏离度与价格支持政策之间的关系，运用皮尔逊相关系数进行量化分析，为保证时间序列数据的一致性，稻谷选取2005—2018年的数据，小麦选取2006—2018年的数据，大豆选取2008—2013年的数据，玉米选取2008—2015年的数据，计算结果见表5－16。

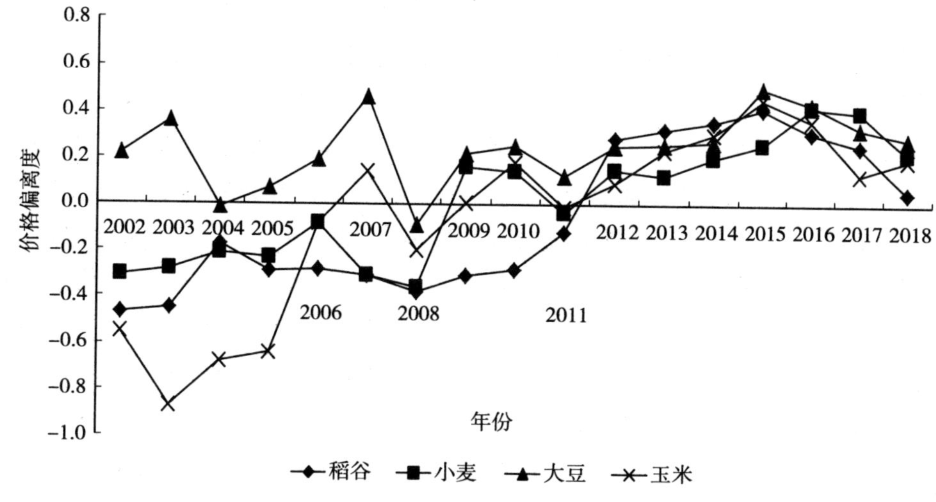

图 5－1　2002—2018 年四种粮食作物市场价格偏离度

表 5－16　皮尔逊相关性检验结果

指标	稻谷价格偏离度	小麦价格偏离度	大豆价格偏离度	玉米价格偏离度
支持价格	0.935**	0.840**	0.527	0.698

注：** 表示在 5%的显著水平下通过检验。

如表 5－16 所示，稻谷价格偏离度、小麦价格偏离度与各自支持价格之间存在正相关关系且相关系数较大，尤其是稻谷价格偏离度与其支持价格之间的相关性更大，皮尔逊相关系数高达 0.935。这表明稻谷和小麦价格支持政策通过引导预期抬高了各自的市场销售价格。由于大豆和玉米的时间序列相对较短，其价格偏离度与支持价格之间的相关性没有通过显著性检验，但两者之间的相关系数为正值，表明大豆和玉米的支持价格同样会在不同程度上推动市场价格的提升。因此，价格支持政策的实施在保障农民收入的同时，也在一定程度上扭曲了相应的粮食市场价格，不利于正常的农产品价格形成，且价格扭曲会减弱我国粮食产品的国际市场竞争力，加剧粮食进口压力。

（5）价格支持政策对进口和收储量的影响分析。理论分析表明，在国际市场价格低于政府收购价格时，在具备一定条件的情况下，价格支持政策会导致进口大量增加，政府收储量大量增加，从而使仓储成本大量增加。

如表 5－15 所示，自 2012 年起，我国稻谷、大豆、小麦和玉米的市场价格偏离度均大于零，且在 2015 年前呈上升之势，这意味着这四种粮食产品的市场价格高于国际市场价格且价差在扩大，这对四种粮食品种的进口和收储量究竟产生了什么影响呢？

如图 5－2 所示，2012—2015 年，粮食、谷物和大豆的进口量大幅增加，2015 年的进口量分别达到 12 477 万吨、3 270 万吨和 8 169 万吨。

如图 5－3 所示，2012 年以后，稻谷和大米、小麦及玉米的进口量明显高于 2011 年水平，由于受关税配额的限制，进口量的变动不太大，但没有进口配额的大麦进口量几乎是直线上升。

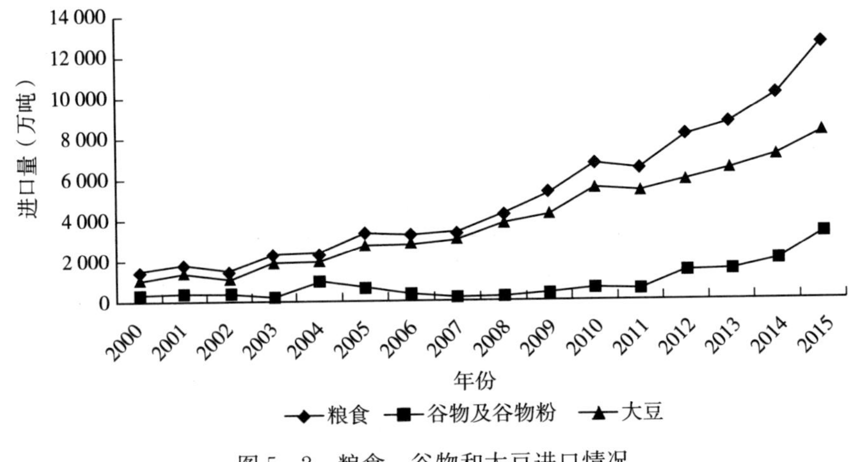

图 5－2　粮食、谷物和大豆进口情况

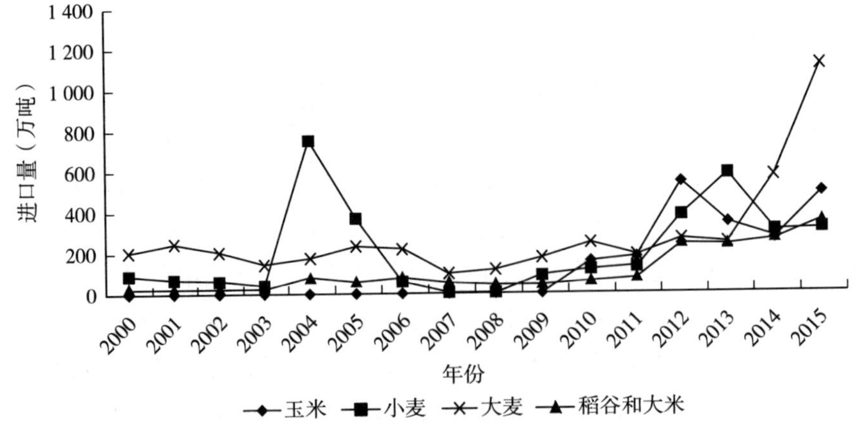

图 5－3　主要谷物进口情况

由于国内价格高于国际价格，本国的市场主体倾向于更多地购买进口粮食，在最低收购价政策和临时收储政策框架下，政府收储必然大量增加。中国农业科学院农业信息研究所 2014 年发布的中国农产品供需平衡表中数据显示，2014 年我国粮食期初库存为 39 800 万吨，这意味着 2013 年底我国粮食库存为 39 800 万吨。2015 年 2 月 3 日中国经济网的数据显示，2014 年中储粮政策性收购粮食 1.25 亿吨，2016 年 1 月 6 日经济日报报道显示“2015 年中储粮全年累计收购政策性粮食 1.75 亿吨，连续第三年收购突破亿吨规模，再创历史新高”。根据以上数据可以估计 2013—2015 年我国粮食收储应在 40 000 万吨以上，库存至少增加 30 000 万吨，2015 年底粮食库存应在 69 000 万吨以上。显然仓储成本在大幅上升。

5.2.3　玉米临时收储和“价补分离”政策效应的实证分析

（1）研究假说与模型构建。

①研究假说。

H1：玉米补贴政策影响玉米价格。依据是玉米临时收储政策具有“托市”功能，临时收储价格提高会引起玉米销售价格上升；“价补分离”政策能够促进玉米销售价格向“市场价格”回归，进而对玉米价格产生影响。

H2：玉米补贴政策对政策实施地区的玉米播种面积有正向影响。依据是玉米临时收储政策和“价补分离”政策中的生产者补贴均具有“增收”功能，从而影响玉米种植决策，进而影响玉米播种面积，政策力度越大则影响程度越高。

②模型构建。分析玉米价格（被解释变量 Y_{price}）的影响因素时，考虑到产量、产品成本、农户投资等因素会影响供给进而影响玉米价格，因此解释变量选择玉米总产量（X_{p1}）、生产成本（X_{p2}）、土地成本（X_{p3}）、农户固定资产投资（X_{p4}），此外，用时间虚拟变量 D 表示政策实施年份，“价补分离”政策实施期和临时收储政策实施期 D 值分别取 1 和 0；用区域虚拟变量 G 表示政策实施的区域，政策实施区域和未实施区域 G 值分别取 1 和 0。

选择面板数据模型来分析各因素对玉米价格的影响，见模型 1：

$$y_{price}=\alpha+x_{pit}\beta+z_i\delta+u_i+\varepsilon_{it}(i=1, 2, \cdots; t=1, 2, \cdots)$$

其中 α 是常数项，x_{pit} 是各解释变量，z_i 表示个体特征（不随时间变化），u_i 和 ε_{it} 分别是反映个体异质性的截距项和扰动项（随个体与时间变化）。

由于玉米生产者的种植决策受多种因素影响，分析玉米播种面积（被解释变量 Y_{area}）的影响因素时，不仅要考虑政策因素，还要考虑产品成本与收益、机会成本、农户投资等因素，因此解释变量选择玉米生产成本（X_{a1}）、玉米土地成本（X_{a2}）、玉米生产价格指数（X_{a3}）、农户工资性收入（X_{a4}）、农户固定资产投资（X_{a5}），并引入时间虚拟变量 D 和区域虚拟变量 G，两者取值情况与模型 1 相同。

选择面板数据模型来分析各因素对玉米播种面积的影响，见模型 2：

$$y_{area}=\alpha+x_{ait}\beta+z_i\delta+u_i+\varepsilon_{it}(i=1, 2, \cdots; t=1, 2, \cdots)$$

其中 x_{ait} 表示上述 5 个解释变量，其他变量和参数与模型 1 相同。

考虑到双重差分（DID）模型多用于政策效果评估，因此在分析玉米价格补贴政策实施对玉米播种面积和玉米价格的影响时，将面板数据模型作为研究的基准模型，采用 DID 模型结果作为稳健检验结果，从侧面验证基准模型的可靠性。

③数据说明。以玉米主产区作为研究区域，考虑到数据的可得性，选取了 2009—2018 年政策实施的黑龙江、吉林、辽宁、内蒙古、河北、山东、陕西、山西、河南、四川、云南等玉米主产区的相关数据。其中玉米价格数据用以 2008 年为基期的玉米生产价格指数替代。数据来源于 EPS 全球统计数据分析平台及相关统计年鉴。

（2）补贴政策对玉米价格影响的实证分析。

①面板数据模型估计。先进行豪斯曼检验，根据检验结果选择固定效应模型进行估计，估计结果见表 5－17。

如表 5－17 所示，在全样本时期，区域虚拟变量系数为正且在 1%的水平下显著，说明总体而言 2009—2018 年玉米补贴政策对玉米价格产生了正向影响。在临时收储政策实施期间，区域虚拟变量在 5%的水平下显著且系数为正数，说明玉米临时收储政策具有“托市”功能，临时收储价格变动正向影响玉米销售价格。统计数据支持上述结论，如图 5－4 所示，

2009—2014 年临时收储价格上升推动了玉米销售价格上升，并导致国内外价格差扩大，驱动玉米销售价格背离“市场价格”，并在 2015 年随临时收储价格下调而下滑。同时从图 5 - 4 也可以看出，2016 年玉米“价补分离”政策实施以后，国内外价格差明显收窄，玉米销售价格向“市场价格”回归明显。因此，可以接受假说 1。

表 5 - 17　面板数据模型（模型 1）估计结果

变量	全样本时期		玉米临时收储时期		玉米“价补分离”时期	
	系数	z 值	系数	z 值	系数	z 值
G_i	0.264***	3.90	0.117**	2.34	1.657	0.75
X_{p1}	−0.078	−1.44	0.097**	2.23	−0.044	−0.08
X_{p2}	0.244***	4.74	0.373***	10.48	−0.233	−0.10
X_{p3}	0.019	0.28	0.021	0.42	−0.700	−0.99
X_{p4}	0.134***	3.49	0.047	1.64	−1.234	−1.40
C	2.793***	7.17	1.289***	5.11	17.815	0.98

注：***、**、*分别表示在 1%、5%、10%的水平下显著。

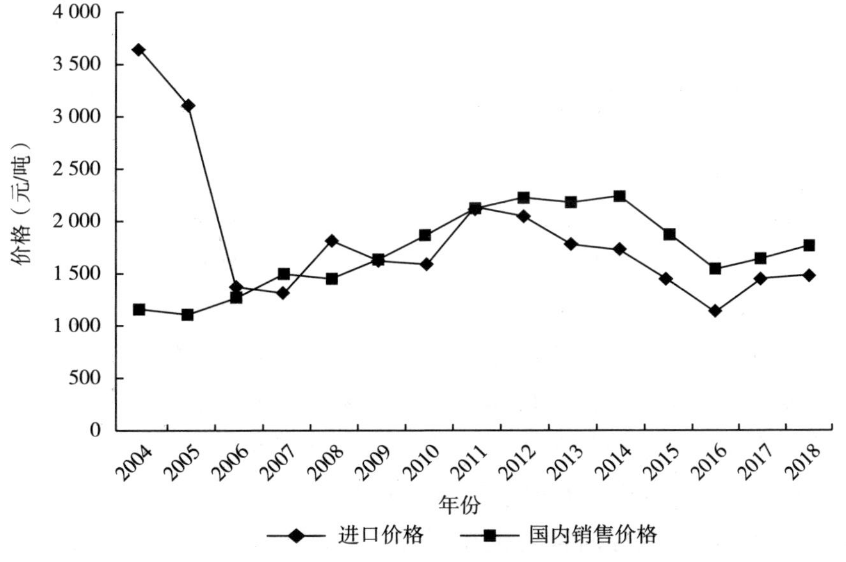

图 5 - 4　2004—2018 年国内外玉米价格比较

资料来源：根据 EPS 全球统计数据分析平台的数据计算而得。

此外，从模型估计结果还可以看出，玉米生产成本和农户固定资产投资均对玉米价格具有显著的正向影响，这一结论也验证了周洲等（2018）的观点。

②稳健性检验。采用DID模型进行稳健性检验，结果见表5-18。交叉项G_iD_i的估计结果为正，与面板数据模型分析的结果一致，这进一步表明基准模型的估计结果较为合理，玉米补贴政策的实施确实对玉米价格产生了影响，与面板数据模型的估计结果一致。

表5-18　稳健性检验结果

变量	OLS估计		随机效应模型	
	系数	t值	系数	z值
G_iD_i	0.015	0.44	0.028	1.19
G_i	0.121***	3.66	0.145*	1.80
D_i	−0.220***	−9.78	−0.227***	−10.23
X_{p1}	0.061**	2.12	0.045	0.92
X_{p2}	0.385***	13.66	0.381***	9.03
X_{p3}	0.018	0.49	0.045	0.55
X_{p4}	0.032*	1.77	0.078**	2.13
C	1.580***	6.31	1.305***	4.13

注：***、**、*分别表示在1%、5%、10%的水平下显著。

（3）补贴政策对玉米播种面积影响的实证分析。

①面板数据模型估计。分析的主要步骤是：先整体分析玉米补贴政策对主产区播种面积的影响，再对比分析玉米临时收储政策（2009—2015年）和“价补分离”政策（2016—2018年）实施期间各省（自治区）玉米播种面积变动的差异。同样选择固定效应模型进行估计，结果见表5-19。

如表5-19所示，在全样本时期、玉米临时收储时期和“价补分离”时期区域虚拟变量系数均为正，且均通过了显著性检验，说明玉米补贴政策的实施对玉米播种面积有促进作用。统计数据支持模型结论，如表5-20所示，无论在临时收储时期还是在“价补分离”时期，政策实施的东北三省及内蒙古的玉米播种面积增长率均有较高比率的增长，且增长率总体上高于其他玉米主产区。因此，可以接受假说2。从模型估计结果还可以看出，玉米生产成本对玉米播种面积有显著的负向影响；土地成本和农户工资性收入对玉米播种面积正向影响显著，这可能与玉米全程机械化程度高从而适宜较大规模经营有关，土地流转价格上升和工资性收入提高导致土地流转加速，加上玉米生产的机械化程度较高，转入土地的新型经营主体倾向于选择玉米种植。

表 5-19　面板数据模型（模型 2）估计结果

变量	全样本时期		玉米临时收储时期		玉米“价补分离”时期	
	系数	z 值	系数	z 值	系数	z 值
G_i	0.361**	2.33	0.266*	1.78	0.798**	2.32
X_{a1}	−0.328***	−4.04	−0.306***	−3.91	−0.702*	−1.88
X_{a2}	0.239***	3.83	0.365***	5.77	0.202*	1.28
X_{a3}	−0.023*	−0.29	0.067	0.63	−0.076**	−2.91
X_{a4}	0.290***	5.90	0.123*	1.66	0.567**	3.14
X_{a5}	0.003*	0.09	0.098**	2.06	0.269	1.59
C	6.389***	23.44	5.970***	22.32	5.394	1.26

注：***、**、*分别表示在1%、5%、10%的水平下显著。

表 5-20　临时收储和“价补分离”时期玉米主产区玉米播种面积增长率

单位：%

时期	黑龙江	吉林	辽宁	内蒙古	河北	山东	陕西	山西	河南	四川	云南
临时收储时期	45.2	28.5	23	39	10.1	8.8	−1.1	15.6	15.5	5.1	12
“价补分离”时期	21.1	15.7	20.1	16.6	7.7	22.7	2.5	7.6	18.2	32.7	18

资料来源：根据《中国农村统计年鉴》相关数据计算。

②稳健性检验。同样运用 DID 模型进行稳健性检验，检验结果见表 5-21。G_iD_i 的估计结果也是正数，与面板数据模型中省份虚拟变量估计结果一致，这不仅说明估计结果合理，而且进一步验证了玉米补贴政策对政策实施区域的玉米播种面积有促进作用。

（4）研究结论及政策含义。本部分通过实证分析验证了本研究提出的两个假设，同时分析得出其他相关结论，主要有：①2008 年以后实施的玉米补贴政策影响玉米价格，临时收储政策驱动玉米销售价格背离市场价格，而“价补分离”政策推动玉米销售价格向市场价格回归，同时发现玉

表 5-21 稳健性检验结果

变量	OLS估计		随机效应模型	
	系数	t 值	系数	z 值
G_iD_i	0.087	0.86	0.032	1.09
G_i	−0.155	−1.49	0.346**	2.06
D_i	0.246**	2.76	0.002	0.03
X_{a1}	−0.843***	−7.68	−0.304**	−3.41
X_{a2}	0.720***	12.33	0.252**	3.46
X_{a3}	0.666**	2.28	−0.016	−0.11
X_{a4}	−0.069	−1.32	0.255**	3.22
X_{a5}	0.200***	3.90	0.017	0.40
C	5.826***	8.44	6.341***	15.61

注：***、**、*分别表示在1%、5%、10%的水平下显著。

米生产成本对玉米价格有促进作用。其政策含义在于：从充分发挥市场机制作用的角度而言，“价补分离”政策对市场价格扭曲较小，是适宜的玉米补贴政策；激励玉米种植者降低生产成本的政策措施有利于提高玉米的价格竞争力。②2008年以后实施的玉米补贴政策对玉米播种面积存在正向影响，同时发现规模化种植和生产成本分别对玉米播种面积有促进和抑制作用。其政策含义在于：选择“价补分离”政策仍然能够影响玉米播种面积，从而能够有效调控国内玉米生产；激励玉米种植者降低生产成本、推动规模化经营的政策措施也是调控玉米生产的重要抓手。

第6章　我国粮食生产经营主体分化研究

随着工业化深入发展、城镇化加快推进及农村劳动力向非农产业加快转移，我国粮食生产经营主体也在加快分化。种粮者的技能、生产意愿及组织化程度直接影响到粮食生产能力和生产效率，进而影响粮食补贴政策的效能。本章主要研究我国粮食生产经营主体分化的趋势，重点分析近年来新型粮食生产经营主体进一步分化的影响因素，为我国粮食补贴政策调整完善提供依据。

6.1　我国粮食生产经营主体分化趋势

6.1.1　粮食主产区农户分化趋势分析

（1）粮食主产区农户分类及特征。根据粮食种植面积把粮食主产区的农户分为非粮户、自粮户、小规模粮户和种粮大户。非粮户指不种植粮食的农户；自粮户指在自己家庭承包地上种粮的农户，粮食种植面积小于10亩；小规模粮户指粮食种植面积为10～50亩的农户；种粮大户指粮食种植面积大于或等于50亩的农户。不同农户呈现不同特征，见表6-1。

表6-1　粮食主产区农户分类及特征

单位：亩

分类项目	非粮户	自粮户	小规模粮户	种粮大户
种粮面积	0	(0，10)	[10，50)	≥50
典型特征	不种粮	粮食自给，对市场信息不敏感	粮食商品率较高，对市场信息比较敏感	粮食商品率很高，机械化程度较高，转入土地，长期或临时雇工，对市场信息敏感

(2) 粮食主产区农户分化趋势。农业部课题组(2013)、田国强(2014)采用全国农村固定观察点农户调查数据中粮食主产区全部农户样本(共13个省份24年11 000个样本),分析粮食主产区粮食生产经营主体分化趋势,主要数据整理如表6-2所示。

表6-2 1986年、2010年粮食主产区粮食生产经营主体分化情况

单位:%

指标	非粮户	自粮户	小规模粮户	种粮大户	合计
1986年占比	5.4	53.4	40	1.2	100
2010年占比	26	48.6	24	1.4	100

资料来源:根据农业部课题组(2013)、田国强(2014)整理。

数据分析表明:①粮食主产区的非粮户呈现急剧上升的趋势,由1986年的5.4%上升到2010年的26%,这意味着粮食主产区有约1/4的农户退出了粮食生产。②自粮户呈现小幅下降的趋势,2010年占比为48.6%,仍然是粮食生产的主要力量。2003—2010年,自粮户的平均种植面积稳定在4.4亩左右,粮食播种面积占总播种面积的比例由84%提高到88%。③小规模粮户呈现较大幅度下降的趋势,由1986年40%下降到2010年的24%。④种粮大户呈现上升的趋势,由1986年的1.2%上升到2010年的1.4%。种粮大户的占比虽然不高,但其地位举足轻重,农业部种植业司2013年对全国种粮大户和粮食生产合作社的调查显示①,当时共有种粮大户68.2万户,占全国农户总数的0.28%,经营耕地面积1.34亿亩,占全国耕地面积的7.3%,粮食产量746亿千克,占全国粮食总产量的12.7%。

值得注意的是,小农户依然是我国农业经营的主体(李谷成等,2018),也是我国粮食生产的主体。2015年,我国土地经营规模在10亩以下的农户占家庭承包户总数的85.74%,经营规模在10～30亩的农户仅占农户总数的10.32%(罗必良等,2018)。2017年底,我国有70%的农户没有流转土地,有65%的农村承包地仍由承包者(农户)在经营(陈锡文,2018)。

① 参见观察者网站http://www.guancha.cn/Industry/2013_03_25_134016.shtml。

6.1.2　新型粮食生产经营主体分化趋势分析

（1）相关概念界定及内涵。中共十八届三中全会指出，要构建集约化、专业化、组织化、社会化相结合的新型农业经营体系，而构建新型农业经营体系的关键在于培育及壮大新型农业经营主体。相对于传统小农户而言，虽然两者均以家庭承包经营为基础，但新型农业经营主体具有更高的生产经营效率。这主要得益于新型农业经营主体生产规模较大，商品化程度较高，具有规模效益；管理水平及技术应用水平较高，具有成本优势。目前学术界对新型农业经营主体没有统一的定义，本研究在综合考虑相关研究成果，结合新型农业经营主体内涵作出如下界定：新型农业经营主体是以家庭承包经营为基础，以市场为导向，比小农户具有更大经营规模、更高管理水平和技术应用水平，生产经营效率较高的农业经营者，主要包括家庭农场、专业大户、农民专业合作社和农业企业。

有人将新型农业经营主体称为新型农业经营组织。但严格意义上讲，两者不是同义的。组织具有系统性，是诸多要素通过一定方式相互联系的集合体，新型农业经营组织更加强调农业生产的集约化、专业化、组织化及社会化，表现为新型农业经营主体的更高形态，在新型农业经营主体的范畴，上述四类新型农业经营主体中，家庭农场、农民专业合作社和农业企业属新型农业经营组织。新型农业经营组织具有较强的正外部性，尤为突出其社会功能的实现，更好地发挥小农户与大市场之间有效衔接的桥梁作用。

新型粮食生产经营主体就是主要从事粮食生产经营活动的新型农业经营主体。同理，从事粮食生产经营活动的家庭农场、农民专业合作社和农业企业就是新型粮食生产经营组织。

（2）新型粮食生产经营主体分化趋势。

其一，与种粮大户发展趋势一样，其他新型粮食生产经营主体数量也呈现快速上升的趋势：①农业部种植业司 2013 年对全国种粮大户和粮食生产合作社的调查显示，当时共有粮食生产合作社 5.59 万个，入社社员 513 万人，其中，经工商注册的粮食生产合作社 4.39 万个；经营耕地 7 218万亩，占全国耕地总量的 4.0%；粮食生产合作社粮食产量 485.5 亿千克，占全国粮食总产量的 8.2%[①]。②据《农村经营管理》统计，截至 2015 年 6 月底，县级以上农业部门认定的家庭农场达到 24.0 万个，比 2014 年的 13.9 万个增长 72.7%。按行业划分，从事种植业的家庭农场 14.2 万个，占家庭农场总数的 59.2%，其中，从事粮食生产的 8.4 万个，占种植类家庭农场总数的 59.2%[②]。③2013 年，我国产业化龙头企业的数量快速发展到约 11 万家，其中国家级龙头企业 1 253 家，粮油类约占 1/4。粗略估计，各类新型粮食生产经营主体的粮食产量占全国粮食产量的 1/4 以上。显然，新型农业经营主体已经成为粮食生产的重要力量，更是商品粮生产的中坚力量。

其二，种粮大户演化为新型粮食生产经营组织的趋势明显。笔者 2014 年对安徽省桐城市 842 户种粮大户的调研发现：在调查样本中有 217 户种粮大户成立新型粮食生产经营组织，占总样本的 25.8%，样本中的新型粮食生产经营组织包括注册成立的家庭农场、各类专业合作社和农业企业。在 217 户种粮大户中，有 106 户成立家庭农场、65 户发起成立专业合作社、46 户发起成立农业企业（其中 4 户属于产业化经营），分别占总样本（842 户）的 12.6%、7.7%、5.5%。分析表明，种粮大户成立新型粮食生产经营组织，主要以注册成立家庭农场为主，以发起成立其他组织为辅。

6.2 新型粮食生产经营主体进一步分化影响因素的调查与分析

为深入分析新型粮食生产经营主体进一步分化的原因，笔者带领研究生对安徽省桐城市所有种粮大户进行全面调查。调查涉及桐城市 15 个镇（街道或开发区等）的所有种粮大户，共计 951 户，根据研究需要，选取有效样本 842 户，样本有效率为 88.5%。

6.2.1 粮食主产区农户样本数据的描述性统计分析

（1）土地流转规模不断扩大，户均规模较高。调研发现，桐城市种粮

① 参见观察者网站 http：//www.guancha.cn/Industry/2013_03_25_134016.shtml。

② 参见 http：//d.wanfangdata.com.cn/Periodical/ncjygl 201510022。

大户和新型粮食生产经营组织共受让经营农村耕地面积达37.6万亩，流转率高达61.6%，户均转入耕地446亩，其中新型粮食生产经营组织受让经营农村耕地19.2万亩，户均转入耕地886亩，户均转入耕地面积约为总样本的两倍。如表6-3所示，种粮大户成立的新型粮食生产经营组织转入的耕地面积最高达11 670亩，平均耕地转入规模由大到小依次为农业企业、专业合作社、家庭农场。转入耕地面积主要集中在100～300亩，占总样本的50.0%，500～1 000亩的占15.0%，小于100亩及大于1 000亩的分别占9.9%、10.2%。

表6-3 种粮大户成立新型粮食生产经营组织状况

指标	家庭农场	专业合作社	农业企业	合计
户数（户）	106	65	46	217
占新型粮食生产经营组织的比例（%）	48.8	30.0	21.2	100.0
占总样本的比例（%）	12.6	7.7	5.5	25.8
最大转入面积（亩）	2 600	3 724	11 670	—
最小转入面积（亩）	40	76	110	—
平均转入面积（亩）	541.1	966.8	1 564.3	—

（2）耕地转入以中长期为主。耕地转入期限越长，越有利于新型粮食生产经营组织稳定发展。调研发现，种粮大户耕地转入年限最长达15年，最短仅1年，主要集中在5～10年，占总体样本的比例高达57.5%，其中以5年居多，共有450户，转入年限超过10年及小于5年的比重相近，分别为20.8%、21.7%。

（3）种粮大户户主文化程度参差不齐。种粮大户经营规模大，面临的风险随之增强，这对种粮大户规避风险的意识等提出较高的要求。调研发现，种粮大户户主的文化程度主要集中在初中水平，其余依次为小学及以下、高中、中专及以上，分别占总体的66.3%、18.5%、10.8%、4.4%，其中学历最高的为一名研究生，承包耕地2 805亩并注册成立公司。中专及以上学历（37人）中，大学本科学历者仅11人，其余为中专、大专学历，但成立新型粮食生产经营组织的比例高达59.5%，约为总样本的2.3倍，表现出明显的学历优势。

（4）种粮大户户主以中年人居多。种粮大户年龄的分布与其学历分布相吻合，调研样本中，种粮大户年龄主要分布在40～60岁，其中40～50岁的种粮大户占49.4%，接近总样本的一半，50～60岁的种粮大户占26.8%，这表明种粮大户以中年人为主。老年和青年的种粮大户所占比例不高，其中最高年龄为72岁，最低年龄仅为23岁。

（5）种粮大户农忙时节雇工成本高。如表6-4所示，2014年桐城市种粮大户平均每亩地生产成本1 077.4元，其中耕地租金占比最高，平均每亩为402.3元，占37.3%，其次是雇工成本，平均每亩为207.4元，租金和雇工成本超过亩均生产成本的一半，是粮食生产成本的主要构成部分，其余依次为化肥成本、机械作业成本、农药成本、种子成本，分别占14.1%、12.3%、11.1%、5.8%。其中，日常管理雇工最低工资45元/天，农忙时节日工资高达150元且存在不同程度的雇工困难。

表6-4　2014年桐城市种粮大户亩均生产成本构成

指标	田租	机械作业	种子	农药	化肥	雇工	合计
平均成本（元/亩）	402.3	132.4	63.0	120.0	152.3	207.4	1 077.4
所占比例（%）	37.3	12.3	5.8	11.1	14.1	19.3	100.0

6.2.2　研究假说与模型构建

（1）研究假说。如图6-1所示，农户的行为选择受内在、外在因素的共同影响，作为理性经济人，农户在遵循个人收益最大化的前提下作出最优选择。根据马斯洛需求层次理论，随着农户收入水平的提升、生活质量的改善，农户需求也逐层级递增，由最初的温饱需求转向更高层级的归属、尊重及自我实现的需求。对于种粮大户而言，这一需求层级的转换表现在经营组织形式上为普通农户到种粮大户再到新型粮食生产经营组织的转变。种粮大户成立新型粮食生产经营组织也体现出其社会责任感的提升，带动周围普通农户等创收致富，而新型粮食生产经营组织的成立也为其自身带来经营效益的提高、社会尊重的加强及自我实现需求的满足等。另外，扶持政策也对种粮大户成立新型粮食生产经营组织产生导向性作

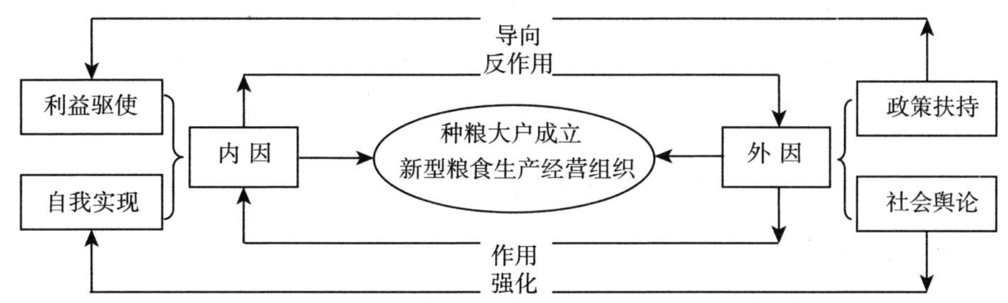

图 6-1　种粮大户成立新型粮食生产经营组织的影响因素

用。本研究基于实证量化分析的考虑，从种粮大户个人特征、家庭特征、转入耕地特征及农业生产成本四个方面探究种粮大户成立新型粮食生产经营组织的动因，提出如下假设：

H1：种粮大户个人特征影响其成立新型粮食生产经营组织的意愿。其个人特征主要包括户主年龄和受教育程度，户主年龄对成立新型粮食生产经营组织意愿的影响方向不确定，受教育程度则具有正向促进作用。

H2：种粮大户家庭特征影响其成立新型粮食生产经营组织的意愿。其家庭特征主要包括家庭总人口数和家庭参与农业生产的劳动力数，在中国传统家庭文化的影响下，“男主外、女主内”的家庭决策模式向“男女共商”模式转变（姚增福，2010），家庭成员的意见等会在一定程度上影响户主决策，但具体影响方向及程度不确定。

H3：种粮大户转入耕地特征影响其成立新型粮食生产经营组织的意愿。其耕地特征包括转入耕地的面积（即生产规模）、耕地肥沃程度、耕地转入年限及耕地细碎化程度等，生产规模越大、耕地质量越好、流转年限越长，种粮大户成立新型粮食生产经营组织的意愿就越强，而耕地细碎化程度越高会降低种粮大户成立新型粮食生产经营组织的意愿。

H4：种粮大户农业生产成本对其成立新型粮食生产经营组织意愿具有负向作用。种子、农药、化肥、雇工等成本越高，相应的收益就会降低，种粮大户就会尽量减少与农业生产相关但不会直接影响粮食产量的投入活动，因此在收益得不到保障的前提下，种粮大户成立新型粮食生产经营组织的意愿就会降低。但具体到不同的农业生产投入方面，各类农业生产成本对成立新型粮食生产经营组织意愿的影响会有所差异。

（2）模型构建。本研究中因变量为种粮大户是否选择成立新型粮食生产经营组织，已经选择成立取值 1，反之则取值 0，属于典型的二元选择模型，采用二元 Logistic 模型，该模型具体表达式如下：

$$P_i = F(y_i) = \frac{e^{y_i}}{1+e^{y_i}} = \frac{1}{1+e^{-y_i}} \qquad (6-1)$$

对上式进行 Logit 变换得：

$$y_i = \ln\frac{P_i}{1-P_i} = \alpha + \sum_{i=1}^{n}\beta_i x_i + \varepsilon \qquad (6-2)$$

式（6－2）中，P_i 为种粮大户成立新型粮食生产经营组织的概率，n 表示自变量的个数，x_i 表示第 i 个因变量，β_i 表示第 i 个自变量的回归系数，ε 表示残差项。

（3）变量设定。对自变量的具体说明见表 6－5。

表 6－5　自变量说明

类别	变量名称	表示	变量定义
农户自身特征变量	年龄	x_1	被调查农民的年龄，单位：岁
	文化程度	x_2	小学及以下取 1，初中取 2，高中取 3，中专及以上取 4
农户家庭特征变量	家庭总人口	x_3	被调查农户家庭总人口数，单位：人
	家庭劳动力数	x_4	农户家庭参与农业生产的人数，单位：人
转入耕地特征变量	耕地面积	x_5	实际转入耕地面积，单位：亩
	耕地细碎化程度	x_6	转入耕地所在村的个数，转入耕地均在一个村取 1，在两个村取 2，依次类推
	耕地质量	x_7	耕地质量分为差、中、良、好，分别取值 1、2、3、4
	流转年限	x_8	耕地转入的年限，单位：年
农业生产投入变量	耕地租金	x_9	转入每亩耕地的平均租金，单位：元/年
	机械作业成本	x_{10}	每亩地机耕、播种、收割等投入，单位：元/年
	种子成本	x_{11}	每亩地播种投入，单位：元/年
	农药成本	x_{12}	每亩地喷洒农药投入，单位：元/年
	化肥成本	x_{13}	每亩地化肥投入，单位：元/年
	雇工成本	x_{14}	每亩地平均雇工成本，单位：元/年
	农业机械拥有量	x_{15}	农户拥有拖拉机、机动喷雾器、插秧机、收割机、水泵等农业机械设备数量，单位：台

6.2.3 实证结果分析

运用 Eviews5.0 对模型进行拟合，初次拟合结果中常数项没有通过显著性检验，尝试剔除常数项，建立不含常数项的回归模型，拟合结果如表 6-6 所示，Log likelihood 值为−380.631 0，模型总体拟合效果较好。

表 6-6 种粮大户成立新型粮食生产经营组织动因模型的拟合结果

变量	系数	标准差	z 值	Prob.
年龄	−0.033 1***	0.010 8	−3.056 4	0.002 2
文化程度	0.317 4*	0.165 3	1.920 4	0.054 8
家庭总人口	−0.157 0**	0.076 9	−2.041 4	0.041 2
家庭劳动力数	0.402 8***	0.130 1	3.096 7	0.002 0
耕地面积	0.001 4***	0.000 2	5.731 8	0.000 0
耕地细碎化程度	0.065 4	0.182 7	0.358 0	0.720 3
耕地质量	−0.123 9	0.104 8	−1.181 7	0.237 3
流转年限	0.101 9***	0.029 9	3.404 3	0.000 7
耕地租金	0.000 3	0.001 1	0.233 1	0.815 7
机械作业成本	0.001 3	0.002 1	0.601 5	0.547 5
种子成本	−0.000 7	0.004 0	−0.169 9	0.865 1
农药成本	−0.005 8**	0.002 8	−2.071 8	0.038 3
化肥成本	−0.006 5**	0.003 2	−2.051 2	0.040 2
雇工成本	−0.001 0	0.001 0	−1.029 6	0.303 2
农业机械拥有量	0.018 9**	0.008 1	2.341 3	0.019 2
Log likelihood	−380.631 0			
Avg. log likelihood	−0.452 1			

注：***、**和*分别表示解释变量在1%、5%及10%的水平下显著。

（1）个人特征变量的影响。户主个人特征变量均通过显著性检验，是影响种粮大户成立新型粮食生产经营组织意愿的重要因素。年龄变量在1%的显著水平下对成立新型粮食生产经营组织意愿具有负向作用，这表明种粮大户户主年龄越大，思想越保守，对新鲜事物的接受能力越差，选择成立新型粮食生产经营组织的意愿越低，调研发现，60 岁（含）以上种粮大户共62户，其中仅7户成立新型粮食生产经营组织。相反，户主文化程度在10%的显著水平（接近5%）下对成立新型粮食生产经营组织意愿具有正向促进作用，种粮大户户主文化程度越高，对国家相关政策了解的广度及深度越大，选择成立新型粮食生产经营组织的积极性就越高，描述性统计也证实了这一点，中专及以上学历的37人，成立家庭农场4个、农业专业合作社10个、农业企业8个，成立新型粮食生产经营组织比例高达59%。

（2）家庭特征变量的影响。同个人特征变量一样，家庭特征变量也均通过显著性检验，是影响种粮大户成立新型粮食生产经营组织的重要因素。家庭总人口数在5%的显著水平下对成立新型粮食生产经营组织意愿具有负向作用，家庭人口越多，户主在作出决策时面临的分歧就会越大，户主行为选择中个人意志的力量被削弱，因此不利于户主作出成立新型粮食生产经营组织的决定。相反，家庭参与农业生产劳动人数在1%的显著水平下对成立新型粮食生产经营组织具有正向促进作用，且自变量系数最大，这表明参与实际农业生产的劳动力对新型粮食生产经营组织的认知水平较高，能够充分认识到新型粮食生产经营组织在现在及未来农业生产中的重要作用，因此家庭中参与农业生产的劳动力越多，越倾向于选择成立新型粮食生产经营组织。

（3）转入耕地特征变量的影响。转入耕地四个特征变量中，转入耕地面积和耕地转入年限在1%的显著水平下对种粮大户成立新型粮食生产经营组织具有促进作用且耕地转入年限的促进作用更强。种粮大户转入耕地面积越大，面临的生产、销售等风险加大，新型粮食生产经营组织能在一定程度上规避、分散农业生产风险，提高农业生产效益，另外，耕地转入年限越长，越有利于增强农业生产的稳定性，提高农户农业生产投入的积极性，因此转入耕地面积越大、耕地转入年限越长，越能激发种粮大户成立新型粮食生产经营组织的积极性。而转入耕地质量及耕地细碎化程度没有通过显著性检验，主要因为农户对耕地质量评价过于主观，耕地细碎化程度衡量指标过大，没能精确评价耕地综合质量。但从回归系数正负方向来看，耕地综合质量越好越有利于种粮大户成立新型粮食生产经营组织。

（4）农业生产投入变量的影响。农业生产投入变量因素较多，其中耕地租金、机械作业成本、种子成本及雇工成本没有通过显著性检验，且回归系数正负方向不一，未能体现出对种粮大户成立新型粮食生产经营组织意愿的影响。化肥和农药成本在 5%的显著水平下对成立新型粮食生产经营组织具有负向作用，农业生产成本越高，相应的农业生产收益就会降低，作为追求利润最大化的经济人，在农业生产收益得不到保障的情况下，种粮大户参与与农业生产相关但不会直接影响粮食产量活动的积极性就会降低。农业机械拥有量在 5%的显著水平下通过检验，种粮大户经营规模较大，购置一定的农业机械可将机耕、播种等机械作业成本内部化，同时在农忙时还可提供农机外包服务，增加农业生产效益，成立新型粮食生产经营组织更有利于农机服务外包及农业生产资料共享，尤其是农机服务类专业合作社，因此种粮大户拥有农业机械数量越多、机械化程度越高，越倾向于成立新型粮食生产经营组织。另外，农资成本及农业机械拥有量等对种粮大户成立新型粮食生产经营组织的影响，也间接地反映出粮食补贴政策的导向性作用。各地为鼓励新型农业经营组织发展，因地制宜出台了扶持政策，激发了普通农户、种粮大户成立新型粮食生产经营组织的热情，尤其是各种补贴资金向新型农业经营主体的倾斜更进一步促进了新型粮食生产经营组织的发展。

6.2.4　研究结论及政策含义

调查分析表明，种粮大户在新型粮食生产经营组织的培育中发挥着重要作用，在影响种粮大户成立新型粮食生产经营组织意愿的众多因素中，户主文化程度越高，家庭参与农业生产的劳动力越多，转入耕地面积越大，转入耕地年限越长，以及拥有农业机械数量越多，种粮大户成立新型粮食生产经营组织的意愿越强。而户主年龄越大，家庭总人口越多，以及农业生产中农药化肥投入成本越高，种粮大户选择成立新型粮食生产经营组织的积极性越低。耕地细碎化程度、转入耕地质量、耕地租金、机械作业成本、种子成本及雇工成本六个变量没有通过显著性检验。

新型粮食生产经营组织在促进粮食增产、推动农业转型升级、吸纳就业等方面发挥着重要作用，其成立应坚持以市场为导向、农户自愿参与的原则，避免政府下指标强制推动，产生各类“空壳化”新型粮食生产经营组织，政府职能应更多地转向为新型粮食生产经营组织成立提供相关配套服务，创造有利的成长环境。具体应做到如下几点：①积极引导种粮大户成立新型粮食生产经营组织。目前种粮大户受年龄大、文化程度低的制约，对国家相关政策的认知度低，对新鲜事物的主动接受能力差，需要加大农业政策宣传普及的力度；要简化新型粮食生产经营组织的注册程序，减少种粮大户不必要的成本支出，在尊重农户意愿的基础上，积极引导种粮大户成立新型粮食生产经营组织。②加快土地确权，推动土地流转。土地经营面积和流转年限对种粮大户成立新型粮食生产经营组织具有显著的促进作用，土地确权通过加速土地流转、实现土地抵押等形式赋予农民更多的财产性权利，增强农户行为选择的物质保障。另外，土地确权能够消除农户对土地流转的顾虑，更加放心地将耕地长期流转到种粮大户等新型粮食生产经营主体手中。③增强补贴导向，提高补贴效能。在农业发展新格局下，新型粮食生产经营组织成为未来商品粮生产的主力军，而已经实施的粮食补贴政策不能很好地与之相适应，粮食补贴政策应作出相应调整，补贴资金向种粮大户等新型粮食生产主体倾斜，加快推进新型粮食生产经营主体适度规模经营补贴，扩大农机购置补贴范围等，提高粮食补贴政策效能。

第 7 章　我国粮食消费需求与自给状况分析

本章重点分析我国粮食尤其是谷物消费量、消费结构及其变化趋势，并对我国粮食自给状况进行测度，旨在为粮食补贴政策的调整完善提供依据。

7.1　我国粮食消费量及变动趋势分析

人口数量、人口结构、营养标准、膳食结构、城镇化进程、工业消费、种子用粮及粮食损耗都会对粮食消费需求产生影响，近年来，众多学者（胡小平等，2010；钟甫宁等，2012；辛良杰等，2015）从不同视角或综合各种因素对我国粮食消费量进行估计和预测，已经形成了比较成熟的方法和比较可信的结论，本书不再重复研究。本部分主要运用中国农业科学院农业信息研究所农业监测预警研究组（2014）提供的 2014—2023 年中国农产品供需平衡表数据和农业部市场预警专家委员会（2016）发布的《中国农业展望报告（2016—2025）》的数据资料对我国粮食消费量、谷物消费量及其变动趋势进行分析。

7.1.1　粮食总消费量及变动趋势分析

如表 7－1 所示，2015 年我国粮食总消费量约 66 872 万吨，比 2014 年增长 1.28％。其中，口粮消费 27 423 万吨，比 2014 年增长 0.67％；饲料消费 19 282 万吨，比 2014 年增长 2.06％；工业消费约 16 426 万吨，比 2014 年增长 1.75％；其他消费（主要是种子用粮和损耗）约 3 741 万吨，比 2014 年下降 0.27％。

表 7-1　2015—2023 年我国粮食消费量

指标	2015年	2016年	2017年	2018年	2019年	2020年	2021年	2022年	2023年	平均
消费量（万吨）	66 872	67 717	68 539	69 328	70 035	70 678	71 183	71 620	72014	69 401
增长率（%）	1.28	1.26	1.21	1.15	1.02	0.92	0.71	0.61	0.55	0.97
口粮消费（万吨）	27 423	27 506	27 588	27 693	27 745	27 823	27 836	27 846	27 856	27 656
增长率（%）	0.67	0.30	0.30	0.38	0.19	0.28	0.05	0.04	0.04	0.25
饲料消费（万吨）	19 282	19 686	20 071	20 411	20 755	21 046	21 294	21 504	21 695	20 464
增长率（%）	2.06	2.10	1.96	1.69	1.69	1.40	1.18	0.99	0.89	1.55
工业消费（万吨）	16 426	16 798	17 164	17 520	17 835	18 115	18 365	18 589	18 788	17 574
增长率（%）	1.75	2.26	2.18	2.07	1.80	1.57	1.38	1.22	1.07	1.70
其他消费（万吨）	3 741	3 727	3 716	3 704	3 700	3 694	3 688	3 681	3 675	3 708
增长率（%）	−0.27	−0.37	−0.30	−0.32	−0.11	−0.16	−0.16	−0.19	−0.16	−0.23

资料来源：根据中国农业科学院农业信息研究所农业监测预警研究组（2014）和农业部市场预警专家委员会（2016）的数据整理计算。

如图 7-1 所示，我国粮食总消费量呈现增长的趋势，2019 年以前增长率保持在 1%以上，2017 年以后增长率下降（图 7-2），2020 年下降到 1%以下（0.92%），2023 年进一步下降到 0.55%，2015—2023 年平均增长率为 0.97%。

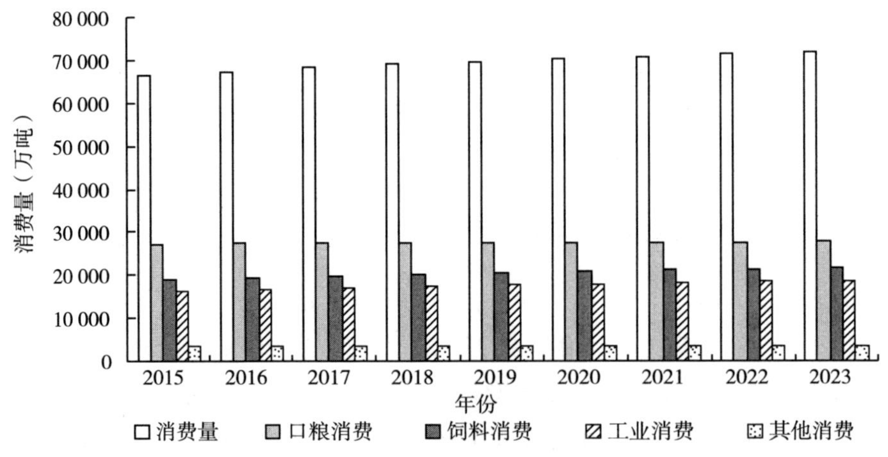

图 7-1　我国粮食消费量变化

资料来源：与表 7-1 相同。

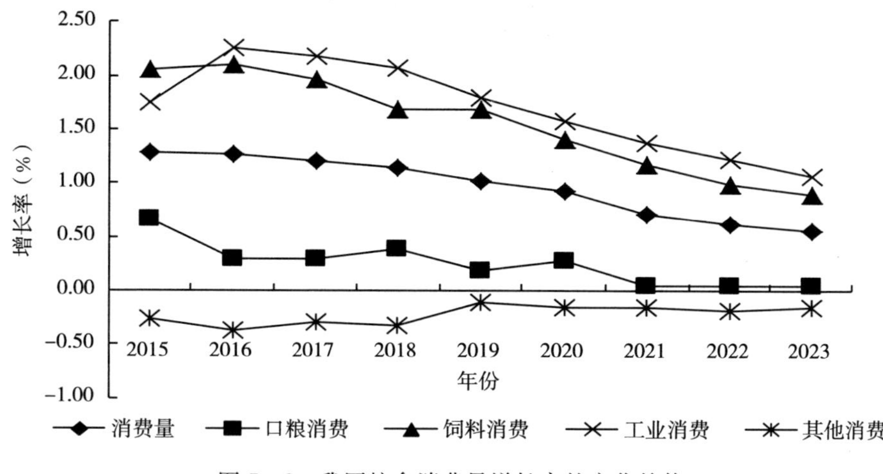

图 7-2　我国粮食消费量增长率的变化趋势

资料来源：与表 7-1 相同。

口粮消费保持缓慢增长的趋势。增长率总体上呈现下降的趋势，2020 年下降到 0.28%，2023 年进一步下降到 0.04%，2015—2023 年平均增长率为 0.25%。

饲料消费保持较快增长的趋势。增长率从 2017 年（1.96%）以后呈现下降的趋势，2020 年下降到 1.40%，2023 年进一步下降到 0.89%，2015—2023 年平均增长率为 1.55%。

工业消费也保持较快增长的趋势。增长率从 2016 年（2.26%）以后呈现下降的趋势，2020 年下降到 1.57%，2023 年进一步下降到 1.07%，2015—2023 年平均增长率为 1.70%。

其他消费（主要是种子用粮和损耗）一直呈现下降的趋势，但降幅趋缓。

7.1.2　谷物消费量及其变动趋势分析

（1）谷物总消费量及其变动趋势分析。如表 7-2 所示，2015 年我国谷物总消费量约 50 465 万吨，其中，口粮消费 24 562 万吨，饲料消费 13 050 万吨，工业消费约 8 361 万吨，种子用粮约 858 万吨，损耗约 3 635 万吨。

表 7－2　2015—2025 年我国谷物消费量

指标	2015 年	2016 年	2017 年	2018 年	2019 年	2020 年	2021 年	2022 年	2023 年	2024 年	2025 年	平均
消费量（万吨）	50 465	52 581	53 813	54 711	55 286	55 966	56 292	56 657	56 877	57 178	57 432	55 205
增长率（%）		4.19	2.34	1.67	1.05	1.23	0.58	0.65	0.39	0.53	0.44	1.31
口粮消费（万吨）	24 562	24 608	24 699	24 800	24 877	24 944	24 982	25 042	25 104	25 164	25 206	24 908
增长率（%）		0.19	0.37	0.41	0.31	0.27	0.16	0.24	0.25	0.24	0.17	0.26
饲料消费（万吨）	13 050	14 418	15 160	15 703	16 074	16 499	16 863	17 260	17 613	17 997	18 280	16 265
增长率（%）		10.48	5.15	3.58	2.36	2.65	2.21	2.35	2.05	2.18	1.57	3.46
工业消费（万吨）	8 361	8 925	9 336	9 638	9 815	10 061	10 037	9 994	9 857	9 769	9 747	9 595
增长率（%）		6.75	4.61	3.23	1.84	2.51	−0.24	−0.43	−1.37	−0.90	−0.22	1.58
种子用粮（万吨）	858	852	844	839	836	833	833	834	834	831	831	839
增长率（%）		−0.70	−0.99	−0.52	−0.41	−0.29	0.00	0.05	0.00	−0.29	0.00	−0.32
损耗（万吨）	3 635	3 779	3 773	3 731	3 683	3 629	3 577	3 525	3 467	3 416	3 367	3 598
增长率（%）		3.94	−0.14	−1.11	−1.31	−1.46	−1.43	−1.44	−1.64	−1.49	−1.44	−0.75

资料来源：与表 7－1 相同。

如图 7－3、图 7－4 所示，我国谷物消费量呈现增长的趋势，2020 年以前增长率保持在 1%以上，2021 年以后增长率下降到 1%以下，增长率总体上呈现下降的趋势，2016—2020 年增长率由 4.19%下降到 1.23%，2025 年进一步下降到 0.44%，2016—2025 年平均增长率为 1.31%。

谷物口粮消费基本保持平稳，不同年份间增长率有小幅波动，2016—

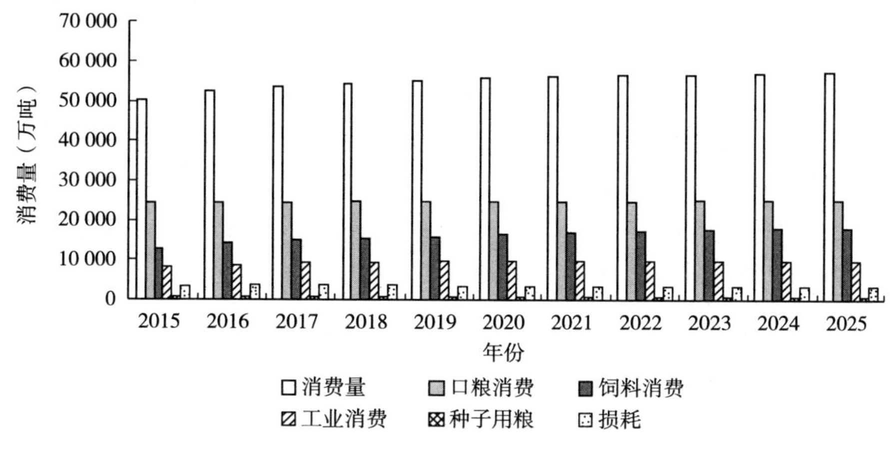

图7-3　我国谷物消费量变化

资料来源：与表7-1相同。

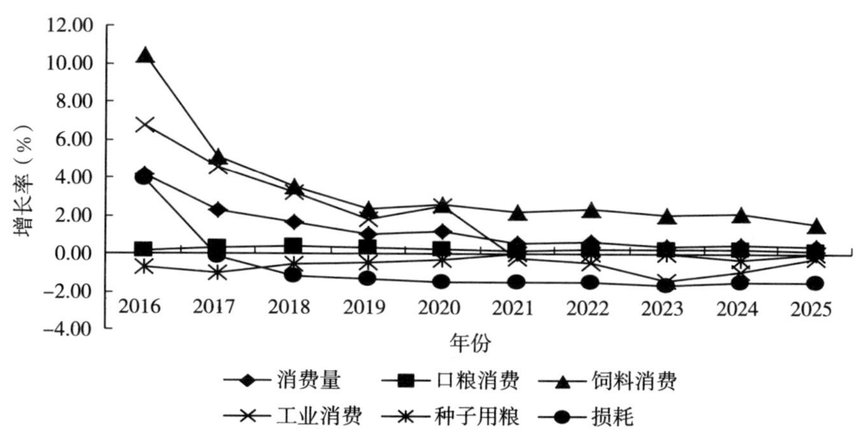

图7-4　我国谷物消费量增长率的变化趋势

资料来源：与表7-1相同。

2025年平均增长率为0.26%。

谷物饲料消费保持较快增长的趋势。增长率总体呈现下降的趋势，2020年下降到2.65%，2025年进一步下降到1.57%，2016—2025年平均增长率为3.46%。

谷物工业消费在"十三五"时期保持增长趋势，"十四五"时期谷物工业消费量开始下降。增长率总体上呈现下降的趋势，2020 年下降到 2.51%，2025 年进一步下降到 −0.22%，2016—2025 年平均增长率为 1.58%。

谷物种子用粮总体呈现下降的趋势。谷物损耗在 2016 年以后呈现下降的趋势。

（2）稻谷消费量及其变动趋势分析。如表 7－3 所示，2015 年我国稻谷总消费量约 20 744 万吨，其中，口粮消费 15 336 万吨，饲料消费 1 449 万吨，工业消费 1 859 万吨，种子用粮约 227 万吨，稻谷损耗约 1 874 万吨。

表 7－3　2015—2025 年我国稻谷消费量

指标	2015 年	2016 年	2017 年	2018 年	2019 年	2020 年	2021 年	2022 年	2023 年	2024 年	2025 年	平均
消费量（万吨）	20 744	20 803	20 904	20 999	21 079	21 144	21 203	21 277	21 349	21 416	21 470	21 126
增长率（%）		0.28	0.49	0.45	0.38	0.31	0.28	0.35	0.34	0.31	0.25	0.34
口粮消费（万吨）	15 336	15 353	15 400	15 454	15 493	15 526	15 541	15 571	15 603	15 633	15 653	15 506
增长率（%）		0.11	0.31	0.35	0.25	0.21	0.10	0.19	0.20	0.19	0.13	0.20
饲料消费（万吨）	1 449	1 429	1 470	1 491	1 506	1 517	1 527	1 536	1 550	1 563	1 576	1 510
增长率（%）		−1.38	2.90	1.46	0.96	0.76	0.66	0.56	0.93	0.83	0.82	0.85
工业消费（万吨）	1 859	1 906	1 954	1 999	2 039	2 074	2 107	2 140	2 171	2 203	2 231	2 062
增长率（%）		2.54	2.55	2.27	2.00	1.75	1.58	1.56	1.47	1.45	1.30	1.85
种子用粮（万吨）	227	227	226	224	223	221	221	223	223	221	221	224
增长率（%）		0.00	−0.63	−0.63	−0.64	−0.64	0.00	0.65	0.00	−0.64	0.00	−0.25

（续）

指标	2015 年	2016 年	2017 年	2018 年	2019 年	2020 年	2021 年	2022 年	2023 年	2024 年	2025 年	平均
损耗（万吨）	1 874	1 889	1 854	1 831	1 819	1 806	1 806	1 807	1 801	1 796	1 789	1 825
增长率（%）		0.76	−1.82	−1.23	−0.70	−0.71	0.00	0.08	−0.32	−0.32	−0.40	−0.46

资料来源：与表 7-1 相同。

如图 7-5 所示，我国稻谷消费量比较平稳，2016—2025 年平均增长率为 0.34%。

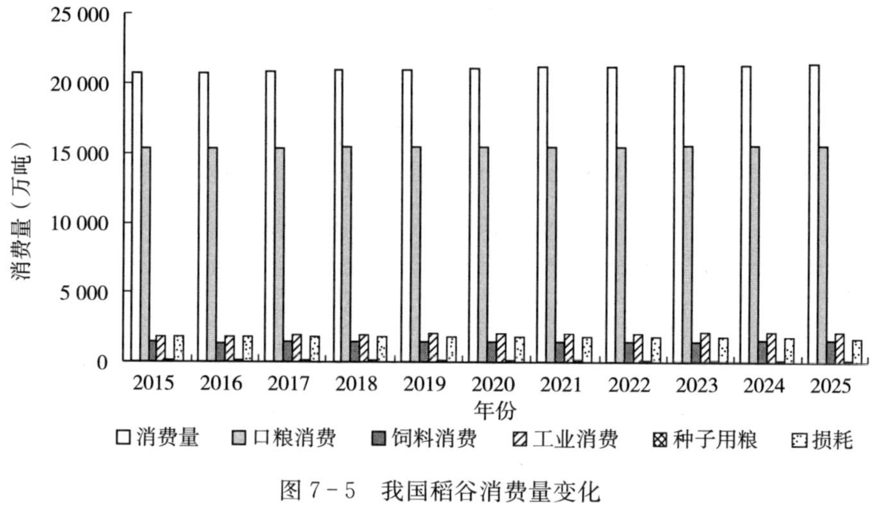

图 7-5　我国稻谷消费量变化

资料来源：与表 7-1 相同。

稻谷口粮消费更加平稳，2016—2025 年平均增长率为 0.20%（图 7-6）。

稻谷饲料消费在 2016 年有所下降，以后保持较慢增长的趋势。2019 年增长率下降到 1%以下，之后增长率趋于平稳，2016—2025 年平均增长率为 0.85%。

稻谷工业消费保持较快增长趋势，但增长率总体上呈现下降的趋势，2016—2025 年平均增长率为 1.85%。

稻谷种子用粮基本保持在 221 万～227 万吨，非常平稳。稻谷损耗呈现小幅下降的趋势。

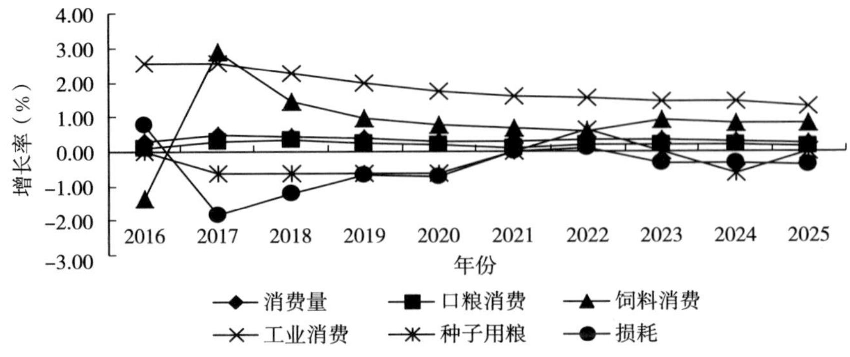

图 7-6 我国稻谷消费量增长率的变化趋势

资料来源：与表 7-1 相同。

（3）小麦消费量及其变动趋势分析。如表 7-4 所示，2015 年我国小麦总消费量约 11 966 万吨，其中，口粮消费 8 510 万吨，饲料消费 1 100 万吨，工业消费约 1 376 万吨，种子用粮约 459 万吨，小麦损耗约 521 万吨。

表 7-4 2015—2025 年我国小麦消费量

指标	2015 年	2016 年	2017 年	2018 年	2019 年	2020 年	2021 年	2022 年	2023 年	2024 年	2025 年	平均
消费量（万吨）	11 966	12 027	12 187	12 348	12 494	12 630	12 752	12 880	13 011	13 141	13 263	12 609
增长率（%）		0.51	1.33	1.32	1.18	1.09	0.97	1.00	1.02	1.00	0.93	1.03
口粮消费（万吨）	8 510	8 536	8 578	8 622	8 658	8 690	8 711	8 739	8 767	8 795	8 816	8 675
增长率（%）		0.31	0.49	0.51	0.42	0.40	0.24	0.32	0.32	0.32	0.24	0.36
饲料消费（万吨）	1 100	1 069	1 116	1 163	1 207	1 249	1 291	1 335	1 384	1 435	1 488	1 258
增长率（%）		−2.82	4.40	4.21	3.78	3.48	3.36	3.41	3.67	3.68	3.69	3.09
工业消费（万吨）	1 376	1 444	1 515	1 584	1 650	1 713	1 773	1 829	1 885	1 937	1 986	1 699

（续）

指标	2015 年	2016 年	2017 年	2018 年	2019 年	2020 年	2021 年	2022 年	2023 年	2024 年	2025 年	平均
增长率（%）		4.94	4.92	4.55	4.17	3.82	3.50	3.16	3.06	2.76	2.53	3.74
种子用粮（万吨）	459	459	458	458	457	457	457	456	456	455	455	457
增长率（%）		0.00	−0.22	0.00	−0.22	0.00	0.00	−0.22	0.00	−0.22	0.00	−0.09
损耗（万吨）	521	519	520	521	521	521	521	520	519	519	518	520
增长率（%）		−0.38	0.19	0.19	0.00	0.00	0.00	−0.19	−0.19	0.00	−0.19	−0.06

资料来源：与表 7－1 相同。

如图 7－7 所示，我国小麦消费量呈现增长的趋势，增长速度比较平稳，2016—2025 年平均增长率为 1.03％。

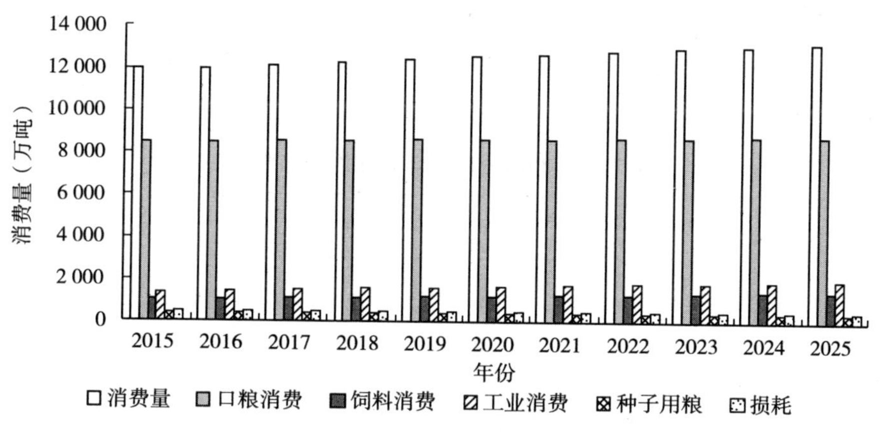

图 7－7　我国小麦消费量变化

资料来源：与表 7－1 相同。

小麦口粮消费和种子用粮都比较平稳，2016—2025 年口粮消费平均增长率为 0.36％，种子用粮平均增长率为－0.09％（图 7－8）。

小麦饲料消费和工业消费都保持较快增长趋势，2016—2025 年，平均增长率分别为 3.09%和 3.74%。小麦饲料消费增长率比较稳定，工业消费增长率总体上呈现下降的趋势。

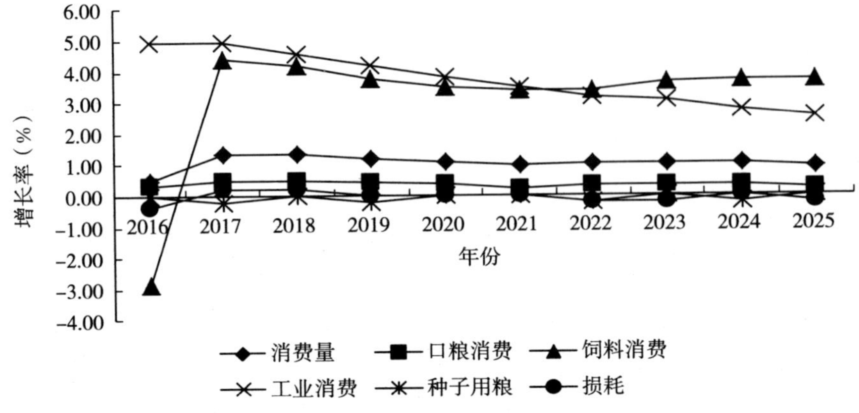

图 7-8　我国小麦消费量增长率的变化趋势

资料来源：与表 7-1 相同。

（4）玉米总消费量及其变动趋势分析。如表 7-5 所示，2015 年我国玉米总消费量约 17 755 万吨，其中，口粮消费 716 万吨，饲料消费 10 501 万吨，工业消费约 5 126 万吨，种子用粮约 172 万吨，玉米损耗约 1 240 万吨。

表 7-5　2015—2025 年我国玉米消费量

指标	2015 年	2016 年	2017 年	2018 年	2019 年	2020 年	2021 年	2022 年	2023 年	2024 年	2025 年	平均
消费量（万吨）	17 755	19 751	20 722	21 364	21 713	22 192	22 337	22 500	22 517	22 621	22 699	21 470
增长率（%）		11.24	4.92	3.10	1.63	2.21	0.65	0.73	0.08	0.46	0.34	2.54
口粮消费（万吨）	716	719	721	724	726	728	730	732	734	736	737	728
增长率（%）		0.42	0.28	0.42	0.28	0.28	0.27	0.27	0.27	0.27	0.14	0.29
饲料消费（万吨）	10 501	11 920	12 574	13 049	13 361	13 733	14 045	14 389	14 679	14 999	15 216	13 497

（续）

指标	2015年	2016年	2017年	2018年	2019年	2020年	2021年	2022年	2023年	2024年	2025年	平均
增长率（%）		13.51	5.49	3.78	2.39	2.78	2.27	2.45	2.02	2.18	1.45	3.83
工业消费（万吨）	5 126	5 575	5 867	6 055	6 126	6 274	6 157	6 025	5 801	5 629	5 530	5 833
增长率（%）		8.76	5.24	3.20	1.17	2.42	−1.86	−2.14	−3.72	−2.97	−1.76	0.83
种子用粮（万吨）	172	166	160	157	156	155	155	155	155	155	155	158
增长率（%）		−3.49	−3.61	−1.88	−0.64	−0.64	0.00	0.00	0.00	0.00	0.00	−1.03
损耗（万吨）	1 240	1 371	1 399	1 379	1 343	1 302	1 250	1 198	1 147	1 101	1 060	1 254
增长率（%）		10.56	2.04	−1.43	−2.61	−3.05	−3.99	−4.16	−4.26	−4.01	−3.72	−1.46

资料来源：与表7-1相同。

如图7-9、图7-10所示，我国玉米消费量呈现增长的趋势，2020年以前增长率保持在1.5%以上，2021年以后增长率下降到1%以下，增长率总体上呈现下降的趋势，2016—2020年增长率由11.24%下降到2.21%，2025年进一步下降到0.34%，2016—2025年平均增长率为2.54%。

玉米口粮消费基本保持平稳，年增长率在0.1%～0.5%，不同年份间增长率有小幅波动，2016—2025年平均增长率为0.29%。

玉米饲料消费保持较快增长的趋势。增长率在“十三五”期间下降较快，2020年下降到2.78%，2025年进一步下降到1.45%，2016—2025年平均增长率为3.83%。

玉米工业消费在“十三五”期间保持增长趋势，“十四五”期间玉米工业消费量开始下降。增长率总体上呈现下降的趋势，2020年下降到2.42%，2025年进一步下降到−1.76%，2016—2025年平均增长率为0.83%。

玉米种子用粮总体呈现下降的趋势。玉米损耗在2017年以后呈现下降的趋势。

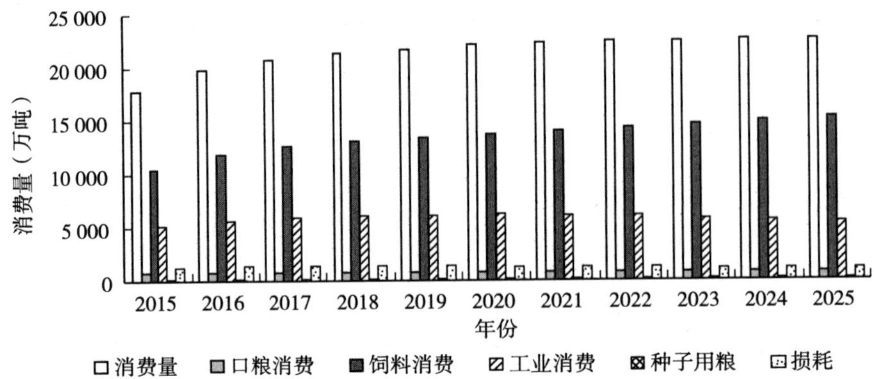

图 7-9　我国玉米消费量变化

资料来源：与表 7-1 相同。

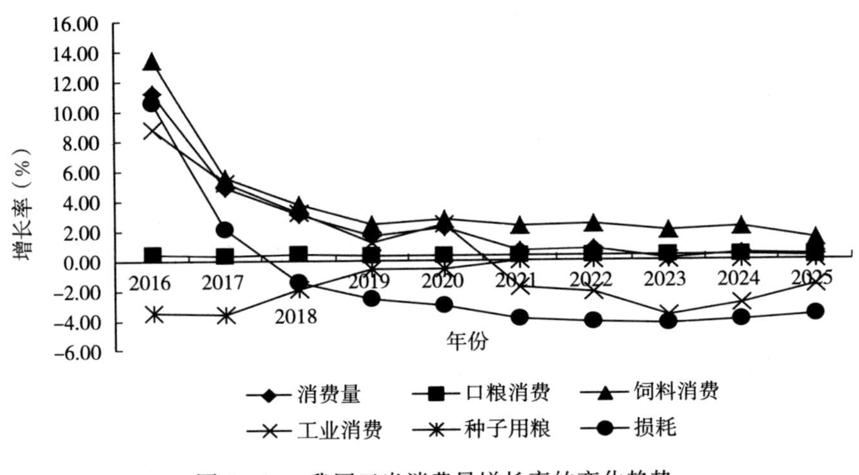

图 7-10　我国玉米消费量增长率的变化趋势

资料来源：与表 7-1 相同。

7.2　我国粮食消费结构及变动趋势分析

7.2.1　粮食总体消费结构及其变动趋势分析

2015 年我国粮食总消费量约 66 872 万吨，其中，口粮消费 27 423 万吨，饲料消费 19 282 万吨，工业消费约 16 426 万吨，其他消费（主要是种子用粮和损耗）约 3 741 万吨。如图 7－11 所示，2015 年粮食消费结构是：口粮消费占 41.01％，饲料消费占 28.83％，工业消费占 24.56％，其他消费占 5.59％。

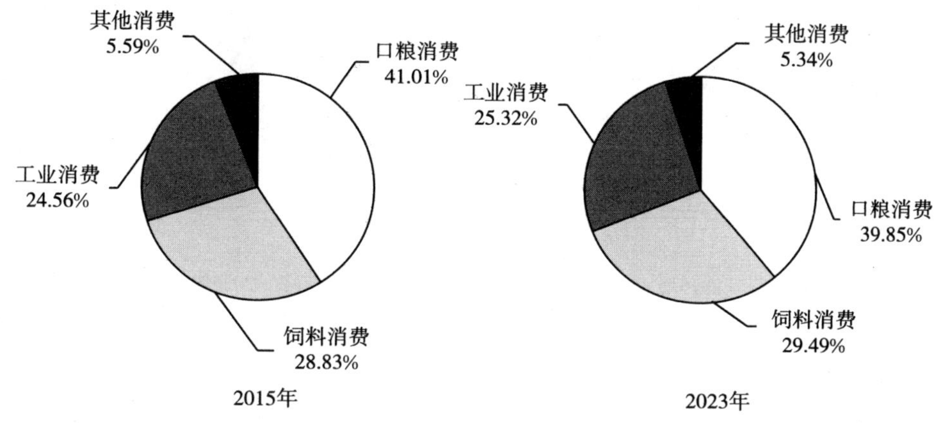

图 7－11　我国粮食消费结构

未来我国粮食消费结构变动趋势是：口粮消费和其他消费比重将小幅下降，饲料消费和工业消费比重将小幅上升，见图 7－11 和表 7－6。

表 7－6　我国粮食消费结构变化

单位：%

类别	2015 年	2016 年	2017 年	2018 年	2019 年	2020 年	2021 年	2022 年	2023 年	平均
口粮消费	41.01	40.62	40.25	39.94	39.62	39.37	39.10	38.88	38.68	39.85
饲料消费	28.83	29.07	29.28	29.44	29.64	29.78	29.91	30.03	30.13	29.49
工业消费	24.56	24.81	25.04	25.27	25.47	25.63	25.80	25.96	26.09	25.32
其他消费	5.59	5.50	5.42	5.34	5.28	5.23	5.18	5.14	5.10	5.34

资料来源：与表 7－1 相同。

7.2.2　谷物消费结构及其变动趋势分析

（1）谷物总体消费结构及其变动趋势。2015 年我国谷物总消费量约 50 465 万吨，其中，口粮消费 24 562 吨，饲料消费 13 050 万吨，工业消费约 8 361 万吨，种子用粮约 858 万吨，损耗约 3 635 万吨。如图 7－12 所示，2015 年谷物消费结构是：口粮消费占 48.67％，饲料消费占

25.86%，工业消费占16.57%，种子用粮占1.70%，损耗占7.20%。

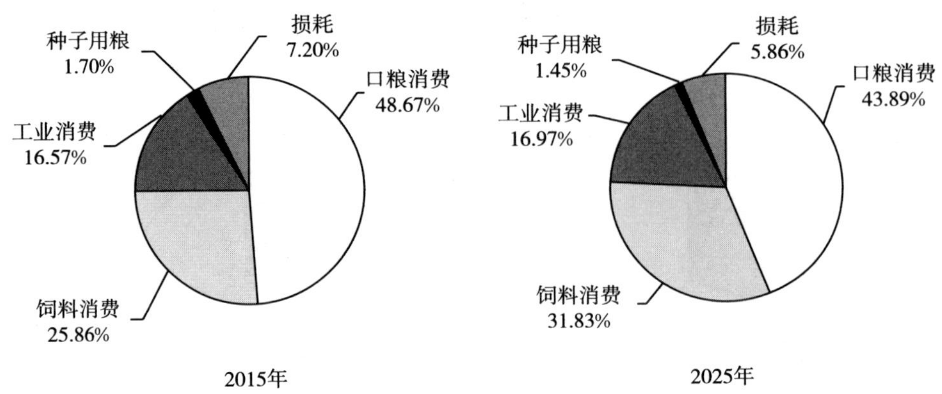

图7-12　我国谷物消费结构

未来我国谷物消费结构变动趋势是：口粮消费比重将小幅下降，饲料消费比重将小幅上升，种子用粮比重和谷物损耗比重将下降，工业消费比重将小幅上升，见图7-12和表7-7。

表7-7　我国谷物消费结构变化

单位：%

类别	2015年	2016年	2017年	2018年	2019年	2020年	2021年	2022年	2023年	2024年	2025年
口粮消费	48.67	46.80	45.90	45.33	45.00	44.57	44.38	44.20	44.14	44.01	43.89
饲料消费	25.86	27.42	28.17	28.70	29.07	29.48	29.96	30.46	30.97	31.48	31.83
工业消费	16.57	16.97	17.35	17.62	17.75	17.98	17.83	17.64	17.33	17.08	16.97
种子用粮	1.70	1.62	1.57	1.53	1.51	1.49	1.48	1.47	1.47	1.45	1.45
损耗	7.20	7.19	7.01	6.82	6.66	6.48	6.35	6.22	6.10	5.97	5.86

资料来源：与表7-1相同。

（2）稻谷消费结构及其变动趋势。2015年我国稻谷消费量约20 744万吨，其中，口粮消费15 336万吨，饲料消费1 449万吨，工业消费1 859万吨，种子用粮约227万吨，损耗约1 874万吨。如图7-13所示，2015年稻谷的消费结构是：口粮消费占73.93%，饲料消费占6.99%，工业消费占8.96%，种子用粮占1.09%，损耗占9.03%。

未来我国稻谷消费结构变动趋势是：口粮消费比重、种子用粮比重和损耗比重将小幅下降，饲料消费和工业消费比重将小幅上升，见图 7－13 和表 7－8。口粮消费仍然是稻谷的主要用途。

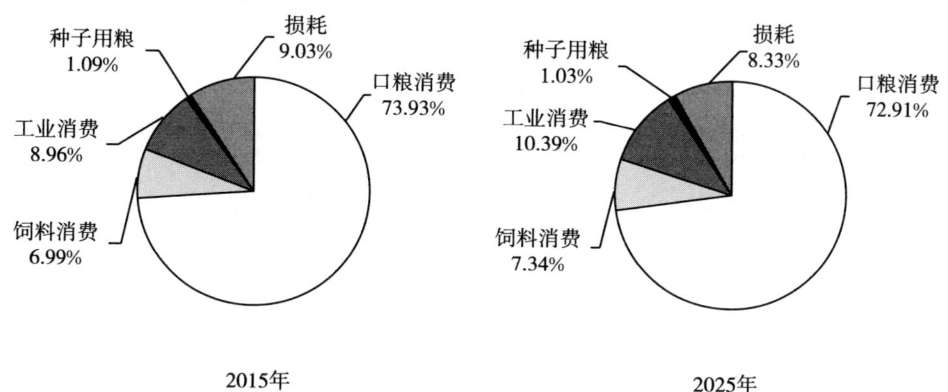

图 7－13　我国稻谷消费结构

表 7－8　我国稻谷消费结构变化

单位：%

年份	口粮消费	饲料消费	工业消费	种子用粮	损耗
2015	73.93	6.99	8.96	1.09	9.03
2016	73.80	6.87	9.16	1.09	9.08
2017	73.67	7.03	9.35	1.08	8.87
2018	73.59	7.10	9.52	1.07	8.72
2019	73.50	7.14	9.67	1.06	8.63
2020	73.43	7.17	9.81	1.05	8.54
2021	73.30	7.20	9.94	1.04	8.52
2022	73.18	7.22	10.06	1.05	8.49
2023	73.09	7.26	10.17	1.04	8.44
2024	73.00	7.30	10.29	1.03	8.39
2025	72.91	7.34	10.39	1.03	8.33
平均	73.40	7.15	9.76	1.06	8.64

资料来源：与表 7－1 相同。

（3）小麦消费结构及其变动趋势。2015 年我国小麦消费量约 11 966 万吨，其中，口粮消费 8 510 万吨，饲料消费 1 100 万吨，工业消费约

1 376万吨，种子用粮约 459 万吨，损耗约 521 万吨。如图 7－14 所示，2015 年小麦的消费结构是：口粮消费占 71.12%，饲料消费占 9.19%，工业消费占 11.50%，种子用粮占 3.84%，损耗占 4.35%。

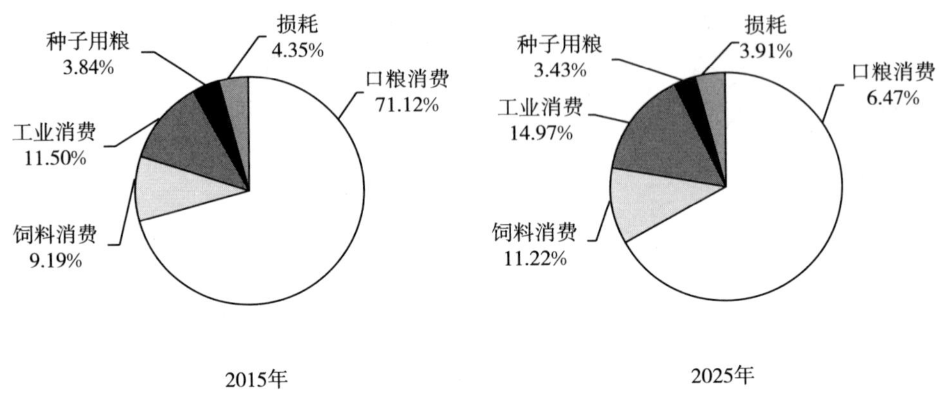

图 7－14　我国小麦消费结构

未来我国小麦消费结构变动趋势是：口粮消费比重、种子用粮比重和损耗比重将小幅下降，饲料消费和工业消费比重将小幅上升，见图 7－14 和表 7－9。口粮消费仍然是小麦的主要用途。

表 7－9　我国小麦消费结构变化

单位：%

年份	口粮消费	饲料消费	工业消费	种子用粮	损耗
2015	71.12	9.19	11.50	3.84	4.35
2016	70.97	8.89	12.01	3.82	4.32
2017	70.39	9.16	12.43	3.76	4.27
2018	69.83	9.42	12.83	3.71	4.22
2019	69.30	9.66	13.21	3.66	4.17
2020	68.80	9.89	13.56	3.62	4.13
2021	68.31	10.12	13.90	3.58	4.09
2022	67.85	10.36	14.20	3.54	4.04
2023	67.38	10.64	14.49	3.50	3.99
2024	66.93	10.92	14.74	3.46	3.95
2025	66.47	11.22	14.97	3.43	3.91

资料来源：与表 7－1 相同。

（4）玉米消费结构及其变动趋势。2015 年我国玉米总消费量约 17 755 万吨，其中，口粮消费 716 万吨，饲料消费 10 501 万吨，工业消费约 5 126 万吨，种子用粮约 172 万吨，损耗约 1 240 万吨。如图 7－15 所示，2015 年玉米的消费结构是：口粮消费占 4%，饲料消费占 59%，工业消费占 29%，种子用粮占 1%，损耗占 7%。

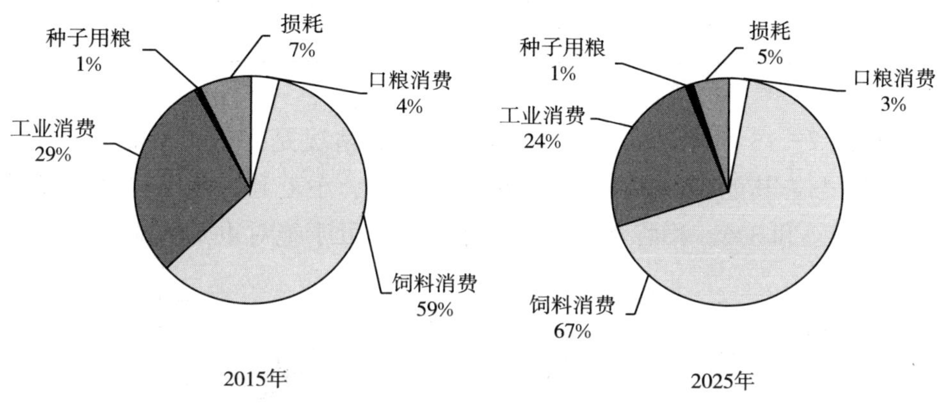

图 7－15 我国玉米消费结构

未来我国小麦消费结构变动趋势是：饲料消费比重将稳步上升，工业消费、口粮消费和损耗比重将逐渐下降，种子用粮比重保持稳定。饲料消费和工业消费仍然是玉米的主要用途。

7.2.3 不同用途的粮食消费构成分析

（1）口粮构成及变化趋势分析。如表 7－10 所示，2015 年我国口粮消费总量为 27 423 万吨，其中三大谷物口粮消费 24 562 万吨，大豆口粮消费约 1 105 万吨，其他粮食口粮消费 1 756 万吨。三大谷物中，稻谷口粮消费 15 336 万吨，小麦口粮消费 8 510 万吨，玉米口粮消费 716 万吨。

表 7－10 我国口粮消费情况

单位：万吨

类别	2015 年	2016 年	2017 年	2018 年	2019 年	2020 年	2021 年	2022 年	2023 年
口粮消费	27 423	27 506	27 588	27 693	27 745	27 823	27 836	27 846	27 856
谷物	24 562	24 608	24 699	24 800	24 877	24 944	24 982	25 042	25 104

（续）

类别	2015年	2016年	2017年	2018年	2019年	2020年	2021年	2022年	2023年
稻谷	15 336	15 353	15 400	15 454	15 493	15 526	15 541	15 571	15 603
小麦	8 510	8 536	8 578	8 622	8 658	8 690	8 711	8 739	8 767
玉米	716	719	721	724	726	728	730	732	734
大豆	1 105	1 129	1 154	1 179	1 206	1 232	1 252	1 272	1 291
其他粮食	1 756	1 769	1 735	1 714	1 662	1 647	1 602	1 532	1 461

资料来源：与表7-1相同。

如图7-16所示，2015年我国口粮构成情况是：三大谷物占90%，大豆占4%，其他粮食占6%。谷物中，稻谷、小麦和玉米分别占口粮的56%、31%和3%。稻谷和小麦在口粮供给中处于绝对重要的地位。

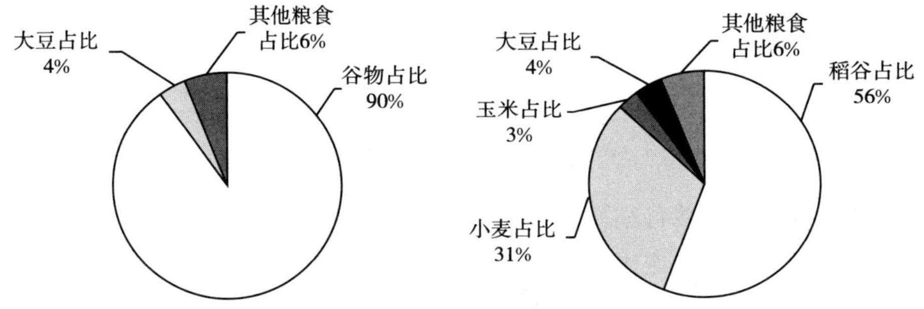

图7-16 2015年我国口粮构成

未来口粮构成基本稳定，只会发生一些微小变化，见表7-11。

表7-11 我国口粮消费构成

单位：%

类别	2015年	2016年	2017年	2018年	2019年	2020年	2021年	2022年	2023年
谷物	89.57	89.46	89.53	89.55	89.66	89.65	89.75	89.93	90.12
稻谷	55.92	55.82	55.82	55.80	55.84	55.80	55.83	55.92	56.01
小麦	31.03	31.03	31.09	31.13	31.21	31.23	31.29	31.38	31.47
玉米	2.61	2.61	2.61	2.61	2.62	2.62	2.62	2.63	2.63
大豆	4.03	4.10	4.18	4.26	4.35	4.43	4.50	4.57	4.63
其他粮食	6.40	6.43	6.29	6.19	5.99	5.92	5.76	5.50	5.24

资料来源：与表7-1相同。

(2) 饲料用粮构成及变化趋势分析。如表 7－12 所示，2015 年我国饲料用粮 19 282 万吨，其中，谷物 13 050 万吨，其他粮食 6 232 万吨。在饲料用谷物中，稻谷 1 449 万吨，小麦 1 100 万吨，玉米 10 501 万吨。未来饲料用粮量呈现上升的趋势。

表 7－12　我国饲料用粮情况

单位：万吨

类别	2015 年	2016 年	2017 年	2018 年	2019 年	2020 年	2021 年	2022 年	2023 年
用粮总量	19 282	19 686	20 071	20 411	20 755	21 046	21 294	21 504	21 695
谷物	13 050	14 418	15 160	15 703	16 074	16 499	16 863	17 260	17 613
稻谷	1 449	1 429	1 470	1 491	1 506	1 517	1 527	1 536	1 550
小麦	1 100	1 069	1 116	1 163	1 207	1 249	1 291	1 335	1 384
玉米	10 501	11 920	12 574	13 049	13 361	13 733	14 045	14 389	14 679
其他粮食	6 232	5 268	4 911	4 708	4 681	4 547	4 431	4 244	4 082

资料来源：与表 7－1 相同。

如图 7－17 所示，2015 年我国饲料用粮构成情况是：三大谷物占 68%，其他粮食占 32%。谷物中，稻谷、小麦和玉米分别占饲料用粮的 8%、6%和 54%。玉米在饲料供给中处于非常重要的地位，占饲料用粮的一半以上。

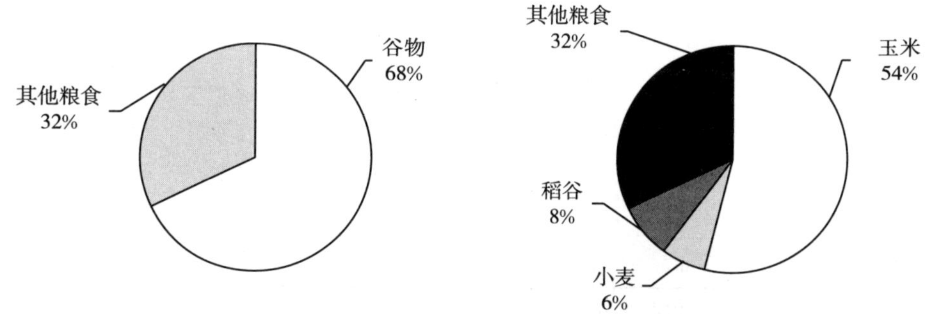

图 7－17　2015 年我国饲料用粮构成

未来我国饲料用粮构成将进一步发生变化，谷物占比将较大幅度上升，占饲料用粮的 80%以上，其他粮食占比将较大幅度下降。谷物中玉米占比将较大幅度上升，占饲料用粮的 2/3 以上，小麦占比将小幅度上升，稻谷占比将小幅度下降，见表 7-13。

表 7-13　我国饲料用粮构成

单位：%

类别	2015 年	2016 年	2017 年	2018 年	2019 年	2020 年	2021 年	2022 年	2023 年
谷物	67.68	73.24	75.53	76.93	77.65	78.39	79.19	80.26	81.18
稻谷	7.52	7.26	7.32	7.30	7.26	7.21	7.17	7.14	7.14
小麦	5.70	5.43	5.56	5.70	5.82	5.93	6.06	6.21	6.38
玉米	54.46	60.55	62.65	63.93	64.37	65.25	65.96	66.91	67.66
其他粮食	32.32	26.76	24.47	23.07	22.55	21.61	20.81	19.74	18.82

资料来源：与表 7-1 相同。

（3）工业用粮构成及变化趋势分析。如表 7-14 所示，2015 年我国工业用粮 16 426 万吨，其中，谷物 8 361 万吨，大豆 6 521 万吨，其他粮食 1 544 万吨。在工业用谷物中，稻谷 1 859 万吨，小麦 1 376 万吨，玉米 5 126 万吨。未来各类工业用粮量均呈现上升的趋势。

表 7-14　我国工业用粮情况

单位：万吨

类别	2015 年	2016 年	2017 年	2018 年	2019 年	2020 年	2021 年	2022 年	2023 年
工业用粮	16 426	16 798	17 164	17 520	17 835	18 115	18 365	18 589	18 788
谷物	8 361	8 925	9 336	9 638	9 815	10 061	10 037	9 994	9 857
稻谷	1 859	1 906	1 954	1 999	2 039	2 074	2 107	2 140	2 171
小麦	1 376	1 444	1 515	1 584	1 650	1 713	1 773	1 829	1 885
玉米	5 126	5 575	5 867	6 055	6 126	6 274	6 157	6 025	5 801
大豆	6 521	6 566	6 610	6 655	6 666	6 676	6 685	6 694	6 702
其他粮食	1 544	1 307	1 218	1 227	1 354	1 378	1 643	1 901	2 229

资料来源：与表 7-1 相同。

如图 7-18 所示，2015 年我国工业用粮构成情况是：三大谷物占 51%，大豆占 40%，其他粮食占 9%。谷物中，稻谷、小麦和玉米分别占工业用粮的 11%、8%和 31%。大豆和玉米在工业用粮供给中处于非常重要的地位，占工业用粮的 70%以上。

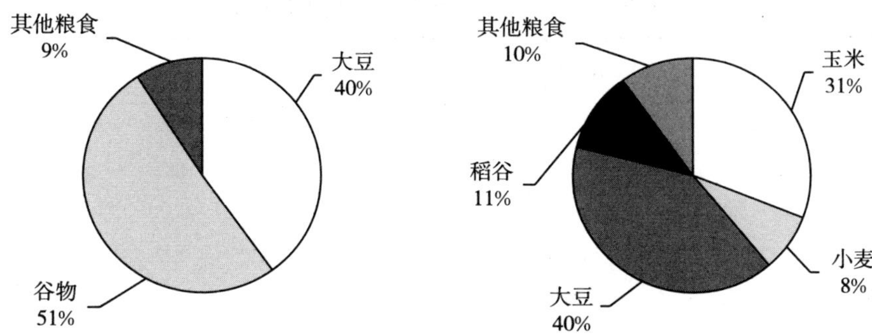

图7-18　2015年我国工业用粮构成

未来我国工业用粮构成将进一步发生变化，谷物占比将小幅度上升，占工业用粮的50%以上；大豆占比将小幅度下降，占比仍然保持在30%以上；其他粮食占比将小幅度上升。谷物中玉米占比将小幅度下降，占比仍然保持在30%以上，小麦占比将小幅度上升，稻谷占比将保持稳定，见表7-15。

表7-15　我国工业用粮构成

单位：%

类别	2015年	2016年	2017年	2018年	2019年	2020年	2021年	2022年	2023年
谷物	50.90	53.13	54.39	55.01	55.03	55.54	54.65	53.76	52.46
稻谷	11.32	11.35	11.38	11.41	11.43	11.45	11.47	11.51	11.56
小麦	8.38	8.60	8.83	9.04	9.25	9.46	9.65	9.84	10.03
玉米	31.21	33.19	34.18	34.56	34.35	34.63	33.53	32.41	30.88
大豆	39.70	39.09	38.51	37.99	37.38	36.85	36.40	36.01	35.67
其他粮食	9.40	7.78	7.10	7.00	7.59	7.61	8.95	10.23	11.86

资料来源：与表7-1相同。

（4）谷物种子用粮构成分析。如表7-16所示，2015年，谷物种子用粮858万吨，其中，小麦种子用粮459万吨，占比53.50%，稻谷种子用粮227万吨，占比26.46%，玉米种子用粮172万吨，占比20.05%。未来种子用粮量将略有下降，用粮构成变化不大，小麦种子占比略有上升，玉米种子占比略有下降，稻谷种子占比基本稳定。

表 7-16　我国谷物种子用粮情况及构成

指标	2015 年	2016 年	2017 年	2018 年	2019 年	2020 年	2021 年	2022 年	2023 年
谷物种子用粮（万吨）	858	852	844	839	836	833	833	834	834
稻谷种子用粮（万吨）	227	227	226	224	223	221	221	223	223
稻谷种子用粮占比（%）	26.46	26.64	26.78	26.70	26.67	26.53	26.53	26.74	26.74
小麦种子用粮（万吨）	459	459	458	458	457	457	457	456	456
小麦种子用粮占比（%）	53.50	53.87	54.27	54.59	54.67	54.86	54.86	54.68	54.68
玉米种子用粮（万吨）	172	166	160	157	156	155	155	155	155
玉米种子用粮占比（%）	20.05	19.48	18.96	18.71	18.66	18.61	18.61	18.59	18.59

资料来源：与表 7-1 相同。

7.3　我国粮食自给状况分析

7.3.1　我国粮食生产情况分析

（1）粮食播种情况分析。2000 年以来我国粮食播种总面积呈现先下降（2003 年以前）后上升且总体上升的趋势。2018 年粮食播种面积 175 557.32 万亩，其中谷物 149 506.50 万亩；谷物中，稻谷 45 283.50 万亩，小麦 36 399.00 万亩，玉米 63 195.00 万亩。具体情况见表 7-17。

表 7-17　2000—2018 年我国粮食播种面积

单位：万亩

年份	粮食	谷物	稻谷	小麦	玉米	豆类	薯类
2000	162 693.75	127 896.30	44 942.55	39 979.95	34 584.15	18 990.00	15 807.45
2001	159 120.00	123 893.40	43 218.60	36 995.70	36 423.15	19 901.70	15 324.90
2002	155 836.20	122 199.45	42 302.40	35 862.45	36 950.55	18 814.65	14 822.10
2003	149 115.60	115 215.15	39 761.70	32 995.35	36 102.30	19 347.75	14 552.55
2004	152 409.00	119 025.60	42 568.20	32 439.00	38 168.55	19 198.35	14 185.20
2005	156 417.60	122 810.85	43 270.80	34 188.90	39 537.45	19 352.25	14 254.50
2006	157 436.55	127 396.65	43 406.85	35 420.10	42 694.50	18 224.10	11 815.80
2007	158 457.60	128 665.05	43 378.20	35 580.90	44 216.25	17 669.25	12 123.15
2008	160 188.90	129 371.70	43 861.65	35 425.80	44 795.55	18 177.00	12 640.20

（续）

年份	粮食	谷物	稻谷	小麦	玉米	豆类	薯类
2009	163 478.70	132 601.65	44 440.35	36 436.20	46 773.90	17 923.20	12 953.70
2010	164 814.15	134 775.90	44 810.10	36 384.75	48 750.15	16 913.55	13 124.55
2011	165 859.50	136 523.70	45 085.50	36 405.60	50 312.55	15 977.10	13 358.70
2012	166 806.90	138 918.60	45 205.65	36 402.45	52 544.70	14 564.10	13 328.85
2013	167 933.40	140 652.90	45 467.55	36 175.95	54 477.60	13 835.40	13 444.95
2014	169 083.90	141 905.25	45 464.85	36 104.10	55 685.10	13 768.20	13 410.45
2015	170 010.75	143 473.35	45 319.80	36 211.95	57 174.90	13 277.40	13 260.00
2016	178 845.11	154 053.00	46 119.00	37 041.00	66 267.00	13 930.50	10 861.50
2017	176 983.59	151 147.50	46 120.50	36 762.00	63 598.50	15 076.50	10 759.50
2018	175 557.32	149 506.50	45 283.50	36 399.00	63 195.00	15 279.00	10 770.00

资料来源：根据《中国统计年鉴》、EPS 全球统计数据平台（中国三农数据库综合）和国家统计局网站数据整理计算。

谷物和玉米播种面积总体上呈上升的趋势，其中玉米最为显著，2018 年比 2000 年增加了 28 610.85 万亩，增幅达 82.73%。小麦、豆类和薯类播种面积总体上呈现下降的趋势，其中薯类播种面积下降幅度最大，2018 年比 2000 年减少了 5 037.45 万亩，降幅达 31.87%。具体情况见图 7 - 19。

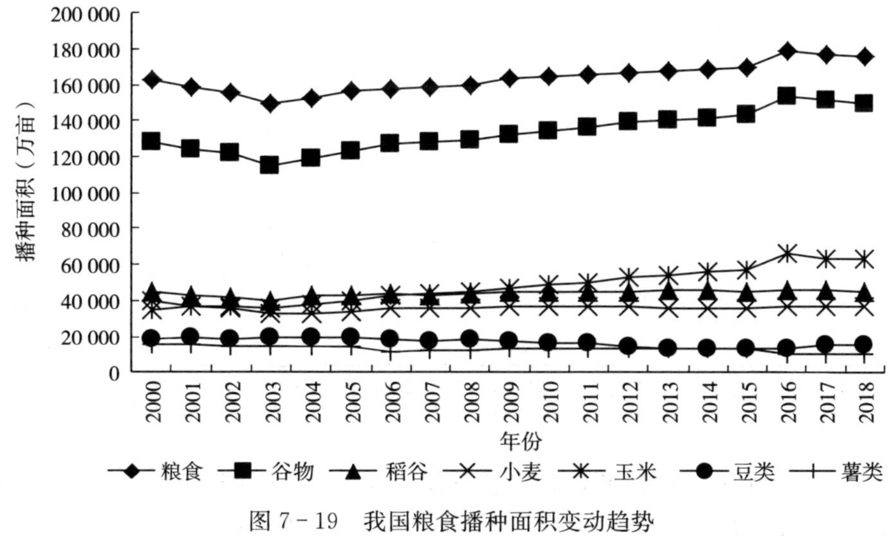

图 7 - 19　我国粮食播种面积变动趋势

（2）粮食产量情况分析。2000 年以来我国粮食总产量呈现先下降（2003 年以前）后上升且总体上升的趋势。2018 年粮食总产量 65 789.22 万吨（比 2000 年增长了 19 571.72 万吨，增长了 42.35%），其中谷物 61 003.58 万吨；谷物中，稻谷 21 212.90 万吨，小麦 13 144.05 万吨，玉米 25 717.39 万吨。详情见表 7－18。

表 7－18　2000—2018 年我国粮食产量

单位：万吨

年份	粮食	谷物	稻谷	小麦	玉米	豆类	薯类
2000	46 217.50	40 522.40	18 790.80	9 963.60	10 600.00	2 010.00	3 685.20
2001	45 263.70	39 648.20	17 758.00	9 387.30	11 408.80	2 052.80	3 563.10
2002	45 705.80	39 798.70	17 453.90	9 029.00	12 130.80	2 241.20	3 665.90
2003	43 069.50	37 428.70	16 065.60	8 648.80	11 583.00	2 127.50	3 513.30
2004	46 946.90	41 157.20	17 908.80	9 195.20	13 028.70	2 232.10	3 557.70
2005	48 402.20	42 776.00	18 058.80	9 744.50	13 936.50	2 157.70	3 468.50
2006	49 804.20	45 099.20	18 171.80	10 846.60	15 160.30	2 003.70	2 701.30
2007	50 160.30	45 632.40	18 603.40	10 929.80	15 230.00	1 720.10	2 807.80
2008	52 870.90	47 847.40	19 189.60	11 246.40	16 591.40	2 043.30	2 980.20
2009	53 082.10	48 156.30	19 510.30	11 511.50	16 397.40	1 930.30	2 995.50
2010	54 647.70	49 637.10	19 576.10	11 518.10	17 724.50	1 896.50	3 114.10
2011	57 120.80	51 939.40	20 100.10	11 740.10	19 278.10	1 908.40	3 273.00
2012	58 958.00	53 934.70	20 423.60	12 102.30	20 561.40	1 730.50	3 292.80
2013	60 193.80	55 269.20	20 361.20	12 192.60	21 848.90	1 595.30	3 329.30
2014	60 702.60	55 740.70	20 650.70	12 620.80	21 564.60	1 625.50	3 336.40
2015	62 143.50	57 225.30	20 824.50	13 018.70	22 458.00	1 588.00	3 330.10
2016	66 043.52	61 666.53	21 109.42	13 327.05	26 361.31	1 650.66	2 726.32
2017	66 160.72	61 520.53	21 267.59	13 433.39	25 907.07	1 841.56	2 798.62
2018	65 789.22	61 003.58	21 212.90	13 144.05	25 717.39	1 920.27	2 865.37

资料来源：根据《中国统计年鉴》、EPS 全球统计数据平台（中国三农数据库综合）和国家统计局网站数据整理。

谷物、稻谷、小麦和玉米产量总体上都呈上升的趋势。与 2000 年相比，2018 年谷物产量增长了 20 481.18 万吨，增幅为 50.54%。其中，稻谷产量增长了 2 422.1 万吨，增幅为 12.89％；小麦增长了 3 180.45 万吨，增幅为 31.92％；玉米产量增长最为显著，增长了 15 117.39 万吨，增幅达 142.62％。豆类和薯类产量总体上呈现下降的趋势。与 2000 年相比较，2018 年豆类产量减少了 89.73 万吨，增幅为－4.46％；薯类产量减少了 819.83 万吨，增幅为－22.25％。具体情况见表 7－18 和图 7－20。

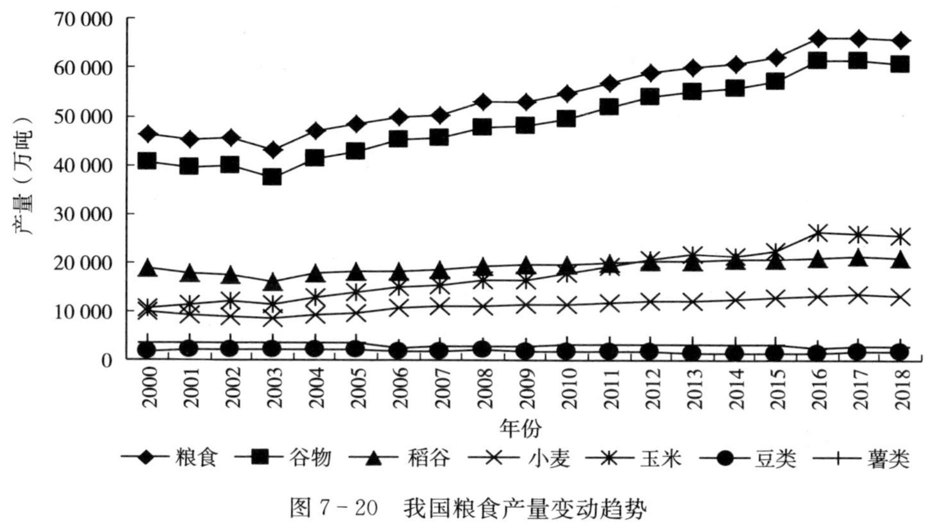

图 7－20　我国粮食产量变动趋势

7.3.2　我国粮食自给率估算

（1）粮食自给率估算方法。

方法 1：按照粮食生产量和消费量进行估计，基本公式如下：

$$r_{fssi}=\frac{y_{fi}}{c_{fi}} \qquad (7-1)$$

式（7－1）中，r_{fssi} 表示 i 年粮食自给率，y_{fi} 表示 i 年粮食产量，c_{fi} 表示 i 年粮食消费量。按这种方法计算的粮食自给率的精确程度主要取决于粮食消费量估算的精度。

方法 2：按照粮食生产量、进口量和库存变化量进行估计，基本公式如下：

$$r_{fssi}=\frac{y_{fi}}{y_{fi}+q_{fimi}-q_{fici}} \qquad (7-2)$$

式（7-2）中，r_{fssi}表示i年粮食自给率，y_{fi}表示i年粮食产量，q_{fimi}表示i年粮食进口量，q_{fici}表示i年粮食库存变动量。按这种方法计算的粮食自给率的精确程度主要取决于粮食库存变化量估算的精度。

（2）粮食自给率估算。根据中国农业科学院农业信息研究所CAMES数据库提供的数据，2014年和2015年我国粮食消费量分别为66 028万吨和66 872万吨，根据国家统计局发布的数据，2014年和2015年我国粮食产量分别为60 702.6万吨和62 143.50万吨，按照方法1可以估算出2014年和2015年我国粮食自给率分别为91.93%和92.93%。

农业部市场预警专家委员会（2016）发布的《中国农业展望报告（2016—2025）》显示，2015年我国大米结余365万吨，折算为稻谷约521.43万吨，小麦结余1 307万吨，玉米结余5 175万吨，三者合计为7 003.43万吨，保守估计，2015年我国粮食库存至少增加7 000万吨。由于2012年以后，我国主要粮食产品销售价格全面高于进口价格，在最低收购价政策和粮食临时收储政策框架下，库存增加不可避免，根据2015年库存变化（7 000万吨）估计，2014年库存变化4 500万吨，2013年为3 000万吨，2012年为2 000万吨。2010年和2011年的库存变化均按1 000万吨估算。结合我国粮食产量数据和粮食进口数据，根据方法2便可估计我国粮食自给率，见表7-19。粮食库存变化数据系笔者综合相关信息估计。

表7-19　2010—2015年我国粮食自给率估算

指标	2010年	2011年	2012年	2013年	2014年	2015年
粮食生产量（万吨）	54 648	57 121	58 958	60 194	60 703	62 144
粮食进口量（万吨）	6 695	6 390	8 025	8 645	10 042	12 477
粮食库存变化量（万吨）	1 000	1 000	2000	3 000	4 500	7 000
按照方法2估算的粮食自给率（%）	90.56	91.38	90.73	91.43	91.63	91.90
粮食消费量（万吨）	—	—	—	—	66 028	66 872
按照方法1估算的粮食自给率（%）	—	—	—	—	91.93	92.93

资料来源：粮食生产量和粮食进口量数据来自国家统计局和国研网的数据库，粮食消费量数据来自中国农业科学院农业信息研究所。

如表 7-19 所示，2010 年以来我国粮食自给率均处在 90%以上水平。从两种方法计算的结果来看，如果中国农业科学院农业信息研究所 CAMES 数据库关于粮食消费量的估计比较准确的话，2014 年我国粮食库存增加量会超过 4 500 万吨，2015 年更远远超过 7 000 万吨。

第8章　粮食需求刚性与粮食安全的警戒线分析

本章提出粮食需求刚性理论及粮食自给的底线与警戒线理论，并据此对我国谷物自给的底线和警戒线进行测度。为我国粮食补贴政策的调整完善提供依据。

8.1　粮食需求刚性分析

8.1.1　概念界定

现代汉语词典对“刚性”的解释是“不能改变或通融的”或“两个物体相碰撞不会发生变形”。本研究所指的粮食需求刚性是指某种用途的粮食消费不能改变或通融的程度。刚性越强，粮食需求对外部冲击（如粮食减产、进口受阻、粮价上升、收入下降等）的反应越弱。刚性较强的粮食需求由于其不能改变或通融的程度较高，应当优先满足；刚性较弱或需求弹性大的粮食需求则较后满足。这是确定粮食自给底线的重要依据，是确定国家粮食安全战略必须考虑的问题。当外部冲击出现时，刚性弱的粮食需求会减少，以保证刚性强的粮食需求得到满足；当外部环境改善时，刚性弱的粮食需求又会增加，发挥着粮食安全内在稳定器的功能。

8.1.2　粮食需求刚性的分类

根据粮食需求刚性的强弱程度，粮食需求刚性分为三类：一级刚性、二级刚性和三级刚性。

（1）一级刚性的粮食需求ⅠRC（*popu*）。一级刚性指需求的刚性很强，即不能改变或通融的程度很高。一级刚性的粮食需求主要包括：口粮消费需求、种子用粮需求、医药工业用粮需求、种畜禽饲料用粮需求，以及粮食生产和消费过程中发生的不可避免的损耗。一级刚性的粮食需求用Ⅰ RC（*popu*）表示，它一般不随外部冲击或环境的变化而变化，只随人口的变化而变化，*popu* 表示人口数量。

口粮消费需求之所以具有一级刚性，是因为人们必须有一定的食物摄入量，才能生存或才能符合营养和健康标准，因此口粮刚性很强。中国营养学会于 2008 年发布了《中国居民膳食指南（2007）》，提出了新的营养标准，很多学者就据此来估计和预测我国的食用性粮食消费量。就谷物而言，《中国居民膳食指南（2007）》建议每日摄入谷物 250～400 克。种子用粮和种畜禽饲料用粮需求之所以具有一级刚性，是因为关系到粮食和畜禽的再生产。医药工业用粮需求之所以具有一级刚性，是因为其制品的需求与人们生命健康密切相关。粮食生产和消费过程中发生的不可避免的损耗之所以具有一级刚性，是因为有些损耗“不可避免”，如收获时、运输时、加工时受技术的约束会产生损耗。

（2）二级刚性的粮食需求Ⅱ RC（α）。二级刚性指需求的刚性较强，即不能改变或通融的程度较高。二级刚性的粮食需求主要包括：非种畜禽的饲料用粮（含宠物的饲料用粮）和食品加工用粮。这两类粮食需求之所以具有二级刚性，是因为人们对畜禽产品和粮食加工食品的消费习惯形成后不太容易改变，且两者同样是人们营养和热量的摄入物。但这两类粮食需求不是不能改变，如粮食紧张时这两类需求可以减少。粮食的二级刚性需求用Ⅱ RC（α）表示，它随外部冲击或环境的变化发生较小幅度变化，α 表示二级刚性需求的外部冲击系数。

（3）三级刚性的粮食需求Ⅲ RC（β）。三级刚性指需求的刚性较弱，即不能改变或通融的程度较低。三级刚性的粮食需求主要包括：除医药工业用粮、食品加工用粮之外的加工用粮（如白酒、啤酒、乙醇等加工用粮），以及人为浪费所产生的粮食损耗。这两类粮食需求之所以具有三级刚性，是因为这两者不是人们营养和热量的主要摄入物，甚至无关，可以大幅度减少。粮食的三级刚性需求用Ⅲ RC（β）表示，它随外部冲击或环境的变化发生较大幅度变化，β 表示三级刚性需求的外部冲击系数。

8.2 粮食自给率的底线与警戒线测度

8.2.1 理论模型

(1) 粮食自给率底线模型。保障口粮安全，不仅要保障当期的口粮消费，还要保障下一期的粮食再生产，同时还需要有必要的医疗保障。此外，由于技术原因部分粮食损耗不可避免。也就是说粮食的一级刚性需求ⅠRC（*popu*）必须保证，从粮食自给角度而言，粮食产量至少达到粮食的一级刚性需求量。基于此，粮食自给率的底线可用下式表示：

$$RBL=\frac{\text{Ⅰ}RC(popu)}{\text{Ⅰ}RC(popu)+\text{Ⅱ}RC(\alpha)+\text{Ⅲ}RC(\beta)} \qquad (8-1)$$

式（8-1）中，*RBL* 表示粮食自给率底线。正常时期粮食自给率底线比较低，因为正常时期粮食的二级刚性需求ⅡRC（α）和三级刚性需求ⅢRC（β）比较高，粮食紧张时期粮食自给率底线会提高，这是因为，在外部冲击下粮食的二级刚性需求ⅡRC（α）和三级刚性需求ⅡRC（β）会降低。

(2) 粮食自给率警戒线模型。当粮食的一级刚性需求ⅠRC（*popu*）和粮食的二级刚性需求ⅡRC（α）刚好得到满足时，意味着粮食的波动有可能威胁到食品安全，人们的食品消费水平可能会下降，这是警戒的信号。基于此，粮食自给率的警戒线可用下式表示：

$$RPL=\frac{\text{Ⅰ}RC(popu)+\text{Ⅱ}RC(\alpha)}{\text{Ⅰ}RC(popu)+\text{Ⅱ}RC(\alpha)+\text{Ⅲ}RC(\beta)} \qquad (8-2)$$

式（8-2）中，*RPL* 表示粮食自给率警戒线。正常时期粮食自给率警戒线比较低，因为正常时期粮食的二级刚性需求ⅡRC（α）和三级刚性需求ⅢRC（β）比较高，粮食紧张时期粮食自给率警戒线会提高，这是因为，在外部冲击下粮食的二级刚性需求ⅡRC（α）和三级刚性需求ⅢRC（β）会降低。*RPL* 也可作为口粮绝对安全的指标，因为粮食自给率处在 *RPL* 之上，所有食用性粮食消费需求都得到了满足，口粮自然绝对安全。

8.2.2 近期谷物自给率底线和警戒线测度

(1) 数据说明。主要基础数据（表 8-1）来自农业部市场预警专家委员会（2016）发布的《中国农业展望报告（2016—2025）》。

表 8-1　2015—2018 年我国三大谷物供求的基本数据

单位：万吨

指标	2015 年	2016 年	2017 年	2018 年
生产量	56 301	55 425	54 602	60 074
进口量	1 231	761	768	970
消费量	50 465	52 580	53 813	54 791
口粮消费	24 562	24 607	24 699	24 800
饲料消费	13 050	14 417	15 160	29 654
工业消费	8 361	8 866	9 336	9 637
种子用粮	858	852	843	866
损耗	3 635	3 778	3 760	3 731
出口量	62	304	350	255
结余变化	7 003	3 303	1 209	—122

资料来源：根据农业部市场预警专家委员会（2016）发布的《中国农业展望报告（2016—2025）》的数据资料整理。

①ⅠRC（*popu*）估计。2015 年，我国谷物的口粮消费量为 24 562 万吨；种子用粮 858 万吨；用于种畜禽的饲料消费量按饲料消费量的 5%估计（比例是征求畜牧专家意见所得），约为 653 万吨；医药工业用粮按工业用粮的 5%估计，约为 418 万吨；不可避免的粮食损耗按损耗的 50%估计，约为 1 818 万吨。因此，ⅠRC（*popu*）约为 28 309 万吨，2016—2018 年ⅠRC（*popu*）估计按同样标准计算。计算结果见表 8-2。

②ⅡRC（α）估计。2015 年非种畜禽饲料用粮按饲料消费量的 95%估计，约为 12 398 万吨。2015 年我国发酵酒精产量（折 96 度商品量）约 101.9 亿升（耗粮系数 3.2），白酒产量（折 65 度商品量）约 131.3 亿升（耗粮系数 2.2），据此估计除医药工业用粮、食品加工用粮之外的加工用粮约为 6 150 万吨，再据此估计食品加工用粮约为 1 793 万吨。因此，ⅡRC（α）约为 14 191 万吨，2016—2018 年ⅡRC（α）估计按同样标准计算。计算结果见表 8-2。

③ⅢRC（β）估计。2015 年，食品加工用粮之外的加工用粮约为

6 150万吨，人为浪费产生的谷物损耗1 818万吨，因此，ⅢRC（β）约为7 968万吨；2016—2018年ⅢRC（β）估计按同样标准计算。计算结果见表8-2。

表8-2　2015—2018年ⅠRC（$popu$）、ⅡRC（α）和ⅢRC（β）估计

单位：万吨

指标	2015年	2016年	2017年	2018年
ⅠRC（$popu$）	28 309	28 511	28 673	29 483
ⅡRC（α）	14 191	16 284	16 754	33 103
ⅢRC（β）	7 968	7 724	8 397	6 103

（2）近期我国谷物自给率底线估计。如表8-3所示，按照式（8-1）可估算2015—2018年我国谷物的自给率底线分别为56.09%、54.28%、53.27%和42.92%。

表8-3　2015—2018年我国谷物自给率底线

单位：%

指标	2015年	2016年	2017年	2018年
谷物自给率底线	56.09	54.28	53.27	42.92

（3）近期我国谷物自给率警戒线估计。如表8-4所示，按照式（8-2）可估算2015—2018年我国谷物的自给率警戒线分别为84.21%、85.35%、84.39%和91.11%。

表8-4　2015—2018年我国谷物自给率警戒线

单位：%

指标	2015年	2016年	2017年	2018年
谷物自给率警戒线	84.21	85.35	84.39	91.11

（4）2015年我国谷物自给率估计。按照式（7-1）可计算2015—2018年我国谷物的自给率分别为111.56%、105.41%、101.46%和109.64%，均远远高于谷物自给率的底线和警戒线。

以上分析表明，近期我国处于谷物充分自给、口粮绝对安全的状态。

8.2.3 谷物播种面积警戒线和底线测度

(1) 测度方法。如果未来粮食需求结构不会发生明显的变化（至少近期不会发生明显变化），谷物自给率警戒线就相对固定。根据谷物自给率警戒线和预测的谷物需求量可估计谷物产量警戒线（即需要警戒的谷物产量），根据谷物单产可估计谷物播种面积警戒线。基本公式如下：

$$PL_{gai} = \frac{c_{gi} RPL}{ay_{gi}} \tag{8-3}$$

式（8－3）中，PL_{gai} 表示 i 年谷物播种面积警戒线，即需要警戒的谷物播种面积，c_{gi} 表示 i 年谷物需求量，ay_{gi} 表示 i 年谷物单产。

根据谷物自给率底线和预测的谷物需求量可估计谷物产量底线（即必须达到的谷物产量），根据谷物单产可估计谷物播种面积底线。基本公式如下：

$$BL_{gai} = \frac{c_{gi} RBL}{ay_{gi}} \tag{8-4}$$

式（8－4）中，BL_{gai} 表示 i 年谷物播种面积底线，即最低要达到的谷物播种面积，c_{gi} 表示 i 年谷物需求量，ay_{gi} 表示 i 年谷物单产。

(2) 数据说明。谷物需求量选用农业部市场预警专家委员会（2016）发布的《中国农业展望报告（2016—2025）》中 2015—2020 年的大米（折算成稻谷）、小麦和玉米的消费量数据，RPL 取 85%，RBL 取 60%，谷物单产在 2015 年水平上每年提高 1%，2015 年谷物单产取稻谷、小麦和玉米单产的加权平均数，根据国家统计局公布的相关数据计算。

(3) 测度结果。测算发现（表 8－5），2016 年我国谷物产量警戒线为 46 407 万吨，播种面积警戒线为 113 200 万亩，产量底线为 32 758 万吨，播种面积底线为 79 906 万亩；2020 年我国谷物产量警戒线为 49 288 万吨，播种面积警戒线为 115 536 万亩，产量底线为 34 792 万吨，播种面积底线为 81 555 万亩；2025 年我国谷物产量警戒线为 50 538 万吨，播种面积警戒线为 112 717 万亩，产量底线为 35 674 万吨，播种面积底线为 79 565 万亩。

表 8-5　我国谷物产量和播种面积警戒线与底线测度

年份	谷物单产（千克）	谷物需求量（万吨）	产量警戒线（万吨）	播种面积警戒线（万亩）	产量底线（万吨）	播种面积底线（万亩）
2015	405.9	52 480.3	44 608	109 900	31 488	77 576
2016	410.0	54 596.9	46 407	113 200	32 758	79 906
2017	414.1	55 830.3	47 456	114 611	33 498	80 902
2018	418.2	56 728.6	48 219	115 302	34 037	81 390
2019	422.4	57 304.6	48 709	115 320	34 383	81 402
2020	426.6	57 986.3	49 288	115 536	34 792	81 555
2021	430.9	58 312.9	49 566	115 037	34 988	81 202
2022	435.2	58 679.1	49 877	114 613	35 207	80 903
2023	439.5	58 899.6	50 065	113 905	35 340	80 403
2024	443.9	59 201.7	50 321	113 355	35 521	80 015
2025	448.4	59 457.0	50 538	112 717	35 674	79 565

资料来源：谷物单产和需求量数据见数据说明，其他数据根据式（8-3）和式（8-4）计算。

（4）政策含义。上述研究结果的政策含义在于：①相关决策部门和统计部门应高度关注谷物播种面积的变化，在实际播种面积有向警戒线迈进的迹象时就应引起高度关注，提前通过调整粮食补贴政策等措施引导粮食生产，否则谷物安全乃至粮食安全会受到威胁。②耕地是粮食生产的基础，在严格保护耕地的同时，要继续强化农田水利建设，严格按照《全国高标准农田建设总体规划》建成 8 亿亩高标准农田。若复种系数按 1.5 估计，届时将有 12 亿亩的谷物可播种面积，在土地方面能为谷物安全提供保障。③注重新型粮食生产经营主体培育，为谷物安全提供人力资源保障。

第 9 章　环境变化对我国粮食产业的冲击

本章分析外部环境变化对我国粮食产业的冲击，主要包括耕地加速流转、粮经种植效益失衡、工业化和城镇化发展、汇率变动与国际粮价变动对我国粮食产业的冲击，为粮食补贴政策调整完善提供依据。

9.1　耕地加速流转对粮食生产的冲击

9.1.1　耕地加速流转的正面效应分析

近年来，我国耕地流转速度加快（至少在 2015 年 7 月以前存在这种迹象），截至 2014 年底，全国家庭承包经营耕地流转面积达 4.03 亿亩，占家庭承包经营耕地总面积的 30.4%，比上年提高 4.7 个百分点。流转形式也趋于多样化，有转包、转让、租赁、互换、入股等形式。为掌握耕地流转的真实情况及其对粮食生产的影响，2015 年 7 月，笔者带领研究生对安徽省霍山、肥西、凤台、太和、界首等县（市、区）进行了实地调研，与当地普通农户、耕地转入大户及乡村基层干部等进行了深入交流。调研发现，耕地加速流转具有正面效应，主要表现在：

（1）普通农户切实受益。耕地流转后，参与流转的农户和未参与流转的农户人均收入、人均务工收入均有增加，但参与流转的农户收入水平增加更为显著。普通农户从耕地流转中受益主要体现在四个方面：一是政府为鼓励、推动土地流转，对流转区域配套基础设施进行完善，如修建乡村主干道、完善小型农田水利设施等，提高了区际可达性，方便了农民日常生活，改善了农业生产条件；二是耕地加速流转推进了农村剩余劳动力转移，提高了农民外出务工的工资性收入；三是土地流转之前赋闲在家的部分妇女和老人被耕地转入大户所雇佣，从事除草、灌溉、施肥等季节性的农田管理工作，日工资在40～100元，虽然区际存在较大的工资差异，但总体看来，农民在当地务工的工资性收入在增加；四是耕地转出使农户有了相对稳定的财产性收入。综上所述，普通农户成为耕地流转的直接受益者，因此，普通农户耕地流转的积极性提高，耕地流转继续加速。

（2）提高了“四荒地”和闲置宅基地的利用效率。普通农户将耕地流转出去后，虽然少数留守妇女和老人被耕地转入大户所雇佣，但耕地转入大户吸纳雇工的能力有限且雇工的季节性明显，大部分妇女和老人仍然不能被雇佣。由于长期从事农业生产活动的路径依赖，以及部分农产品家庭自给自足的需要，部分农户开始利用村集体闲置的“四荒地”和自家闲置宅基地，开垦种植粮食、蔬菜瓜果等农作物，此举有效提高了“四荒地”和闲置宅基地的利用效率。但在土地确权过程中，复垦后的闲置宅基地并没有纳入土地确权范围内。

9.1.2 耕地流转对粮食生产的冲击

调查发现，耕地加速流转虽然使农民在短期内受益，但也衍生出一系列问题，对粮食生产产生了冲击。

（1）土地转入大户种粮效益低下。调查发现，较多土地转入大户种粮效益较低甚至亏损。进一步调查分析发现，土地成本和人工成本快速上升是主要原因。土地加速流转抬高了流转地租，南方水田的流转地租一般为每亩500～700元，北方旱地的流转地租一般为800～1 000元。此外，土地加速流转也抬高了人工成本，如前所述，季节性雇工的日工资在40～100元。全国农产品成本收益资料反映了这种趋势，如图9－1所示，2000—2014年每亩稻的人工成本和土地成本较快上升，推动了总成本较快上升。但这只是全国平均的情况，实际上土地转入大户的种粮成本远远高于一般小农户。以2014年水稻种植为例，全国农产品成本收益资料显示的数据是，每亩产值1 381.38元，物质与服务费用469.80元，人工成本500.67元。对小农户而言，土地成本为0，净利润410.91元，由于使用的是自己的人工，种植每亩水稻的纯收入为911.58元。对于流转大户而言，土地成本按600元估计，则种植每亩水稻净利润为－189.09元；

若每年种两季，每亩净利润为110.91元。因此，流转大户只有一年种两季或两年种三季才有可能获微利，效益低下在所难免。

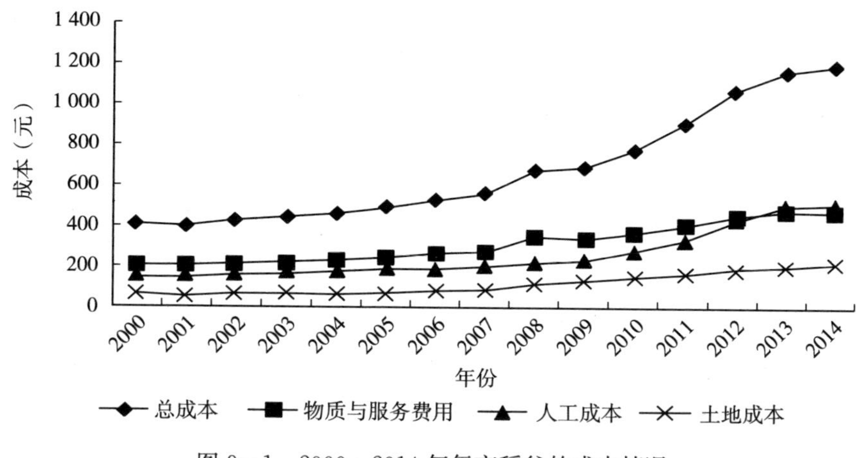

图9-1 2000—2014年每亩稻谷的成本情况

资料来源：《全国农产品成本收益资料汇编2014》。

由于人工成本高，耕地流转大户面临“雇工会增加成本”和“不雇工会导致产出低下”的两难选择，部分耕地流转大户产生吝惜短期雇工成本的心理，选择性地少雇工，导致规模经营效益无法达到最优，这也是令人担忧的问题。

（2）耕地“非粮化”形势严峻。调研发现，粮食作物种植的低效益及比较利益的驱动使耕地转入大户倾向于利用耕地从事经济作物种植和畜牧水产养殖，甚至从事非农经济活动，产生了耕地“非粮化”甚至“非农化”现象。同时，地方政府对改变耕地农业用途的违法行为疏于管理，监督检查不严，甚至行为失范，助长了农地“非粮化”现象。如表9-1所示，截至2014年底，我国流转耕地用于种植非粮食作物的面积达1.74亿亩，占流转总面积的43.2%，耕地“非粮化”形势严峻，对粮食安全构成一定威胁。

（3）耕地抛荒现象初露端倪。如前所述，由于耕地转入大户经营效益低下，部分处于亏损状态，有些大户索性顺其自然，靠天收，并获取政府补贴以维持现状。甚至有些大户的初衷就是套取国家财政补贴或看准未来土地升值的潜力，短期内掌控土地经营权，以期未来获取更大的投机性收益。客观经营的惨淡及主观的心理扭曲，导致流转后的耕地开始出现抛荒现象。

表 9-1　2013 年、2014 年全国流转耕地“非粮化”情况

年份	家庭承包耕地流转面积（亿亩）	流转比例（%）	流转耕地“非粮化”面积（亿亩）	“非粮化”占比（%）
2013	3.41	25.7	1.48	43.5
2014	4.03	30.4	1.74	43.2

资料来源：根据 2014 年农村经营管理情况统计总报告中数据整理。

（4）耕地流转的不可逆性增强。耕地流转后，转入方基于经营管理的便利，新建或改建田间道路、机耕路、排灌渠、变压器等农用基础设施，彻底打破了原有一家一户的地界分割，原承包经营权复原的操作成本提高，耕地流转的不可逆性增强，潜在的矛盾在积累。

（5）粮食补贴政策效能下降。土地加速流转也对粮食补贴政策的效能产生影响，2015 年以前，除农机购置补贴外，粮食直接补贴、良种补贴和农资综合补贴大多发放给土地承包户，土地转入大户拿到的补贴较少，形成了“不种粮者拿粮食补贴”的奇怪现象，部分粮食补贴政策变得低效。这种情况直到 2015 年农业“三项补贴”改革试点之后才有了改变。

9.1.3　结论及政策含义

耕地加速流转具有正面效应，也衍生出一系列问题，如耕地转入大户经营效益低下、耕地“非粮化”形势严峻、流转耕地抛荒、耕地流转不可逆性增强及部分粮食补贴政策低效率等，对粮食生产产生了冲击。

这一结论的政策含义在于：①要进一步规范耕地流转，引导耕地向效率高农业生产经营主体集中；②政策导向方面，要对“种粮”“非粮化”和“非农化”加以区别对待，粮食补贴政策的作用对象要转向适度规模经营的粮食生产主体，引导其稳定粮食生产；③使种粮者有效益是粮食补贴政策调整完善的重要目标。

9.2　粮经种植效益失衡对粮食生产的冲击

9.2.1　数据说明

为比较分析粮食作物与经济作物、经果林的种植效益差距，本研究选取稻谷、小麦和玉米三大谷物代表粮食作物，选取黄瓜和番茄代表经济作物，选取苹果代表经果林；种植效益指标选取每亩净利润和成本利润率两个指标，黄瓜的种植效益取露天黄瓜和设施黄瓜的平均值，番茄的种植效益取露天番茄和设施番茄的平均值，数据来源于 2001—2019 年《全国农产品成本收益资料汇编》，基本数据见表 9－2。

表 9－2　粮食与蔬菜、水果的每亩净利润

单位：元

类别	2001 年	2002 年	2003 年	2004 年	2005 年	2006 年	2007 年	2008 年	2009 年
设施蔬菜	3 106.9	2 579.2	2 845.6	3 181.4	2 491.1	2 735.4	3 644.3	3 516.4	3 925.8
露天蔬菜	1 676.7	1 439.0	1 533.9	1 752.9	1 981.4	2 031.1	3 145.7	2 600.4	3 499.8
水果	418.5	476.4	684.5	942.7	1 533.9	1 636.8	2 442.6	1 945.5	2 941.3
稻谷	81.4	37.6	74.8	285.1	192.7	202.4	229.1	235.6	251.2
小麦	－27.5	－52.7	－30.3	169.6	79.4	117.7	125.3	164.5	150.5
玉米	64.25	30.82	62.78	134.94	95.54	144.76	200.82	159.22	175.37
类别	2010 年	2011 年	2012 年	2013 年	2014 年	2015 年	2016 年	2017 年	2018 年
设施蔬菜	4 952.9	5 139.2	6 184.5	5 762.3	4 059.3	4 443.2	4 957.9	4 622.8	6 044.33
露天蔬菜	3 863.2	2 858.5	3 194.7	2 812.9	2 834.5	2 263.3	2 250.9	2 439.6	2 866.9
水果	5 031.7	4 612	4 026.9	3 246.7	3 480.9	2 128.3	896.8	1 909.6	2 614.0
稻谷	309.8	371.3	285.7	154.8	204.8	175.4	141.9	132.5	65.9
小麦	132.2	117.9	21.3	－12.8	87.8	17.4	－82.2	6.1	－159.4
玉米	239.69	263.09	197.68	77.52	81.82	－134.18	－299.70	－175.79	－163.34

资料来源：2001—2019 年《全国农产品成本收益资料汇编》。

9.2.2　粮经种植效益的比较分析

如图 9－2、图 9－3 和图 9－4 所示，稻谷、小麦和玉米三大粮食作物的每亩净利润远远低于设施蔬菜、露天蔬菜和水果。2018 年，设施蔬菜、露天蔬菜和水果的每亩净利润分别为 6 044.33 元、2 866.9 元和 2 614.0 元，而稻谷、小麦和玉米的每亩净利润仅为 65.9 元、－159.4 元和－163.34 元，见表 9－2。

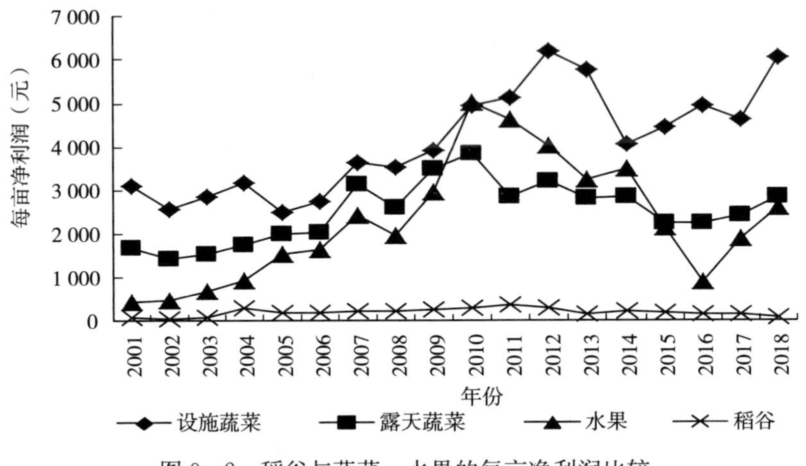

图 9－2　稻谷与蔬菜、水果的每亩净利润比较

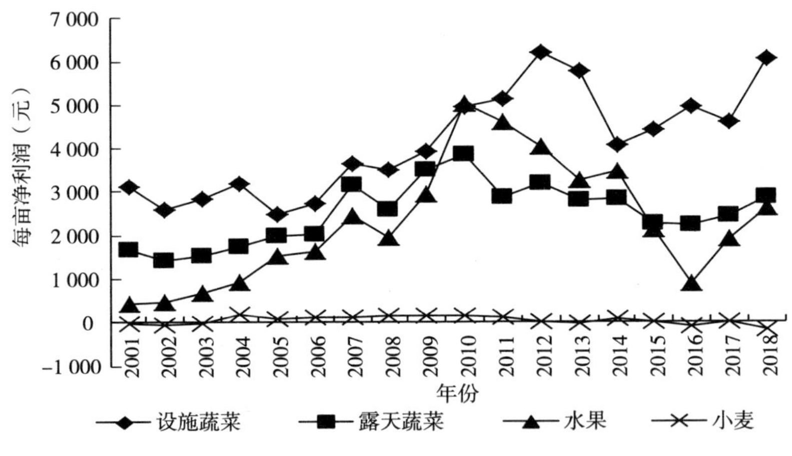

图 9－3　小麦与蔬菜、水果的每亩净利润比较

如表 9－3 所示，蔬菜、水果的每亩净利润是粮食作物的数十倍，相差悬殊。2018 年，设施蔬菜每亩净利润为 6 044.33 元，是稻谷每亩净利润的 91.72 倍，而同年小麦和玉米的每亩净利润均为负值；水果的每亩净

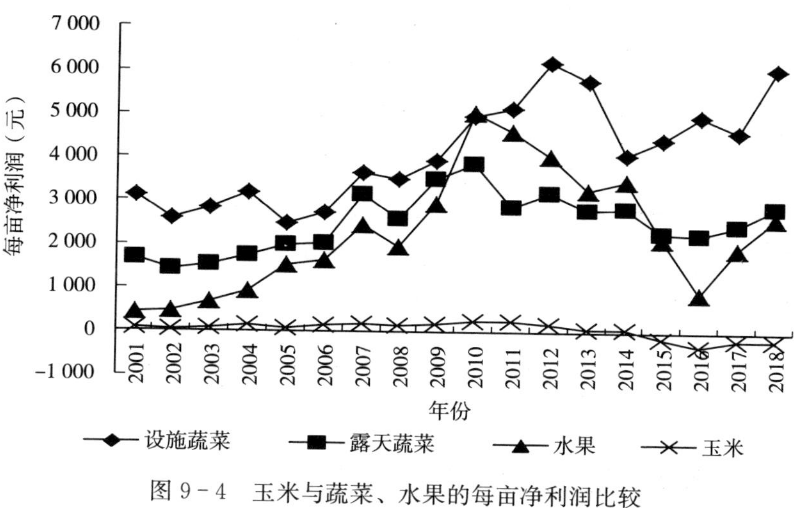

图 9-4 玉米与蔬菜、水果的每亩净利润比较

利润为 2 614 元，是稻谷每亩净利润的 39.67 倍。2001—2018 年，上述经济作物和经果林的平均每亩净利润是粮食作物平均每亩净利润的 29.6 倍。

表 9-3 蔬菜、水果与粮食的每亩净利润比值

类别	2001 年	2002 年	2003 年	2004 年	2005 年	2006 年	2007 年	2008 年	2009 年
设施蔬菜/稻谷	38.2	68.6	38	11.2	12.9	13.5	15.9	14.9	15.6
露天蔬菜/稻谷	20.6	38.3	20.5	6.1	10.3	10	13.7	11	13.9
水果/稻谷	5.1	12.7	9.2	3.3	8	8.1	10.7	8.3	11.7
设施蔬菜/小麦	—	—	—	18.8	31.4	23.2	29.1	21.4	26.1
露天蔬菜/小麦	—	—	—	10.3	25	17.3	25.1	15.8	23.3
水果/小麦	—	—	—	5.6	19.3	13.9	19.5	11.8	19.5
设施蔬菜/玉米	48.4	83.7	45.3	23.6	26.1	18.9	18.1	22.1	22.4
露天蔬菜/玉米	26.1	46.7	24.4	13	20.7	14	15.7	16.3	20
水果/玉米	6.5	15.5	10.9	7	16.1	11.3	12.2	12.2	16.8

类别	2010 年	2011 年	2012 年	2013 年	2014 年	2015 年	2016 年	2017 年	2018 年
设施蔬菜/稻谷	16	13.8	21.6	37.2	19.8	25.33	34.94	34.89	91.72
露天蔬菜/稻谷	12.5	7.7	11.2	18.2	13.8	12.9	15.86	18.41	43.5
水果/稻谷	16.2	12.4	14.1	21	17	12.13	6.32	14.41	39.67

（续）

类别	2010年	2011年	2012年	2013年	2014年	2015年	2016年	2017年	2018年
设施蔬菜/小麦	37.5	43.6	290.4	—	46.2	255.36	—	757.84	—
露天蔬菜/小麦	29.2	24.2	150	—	32.3	130.07	—	399.93	—
水果/小麦	38.1	39.1	189.1	—	39.6	122.32	—	313.05	—
设施蔬菜/玉米	20.7	19.5	31.3	74.3	49.6	—	—	—	—
露天蔬菜/玉米	16.1	10.9	16.2	36.3	34.6	—	—	—	—
水果/玉米	21	17.5	20.4	41.9	42.5	—	—	—	—

注："—"表示粮食作物每亩净利润为负。

9.2.3 粮经种植效益失衡对粮食生产的冲击分析

粮经种植效益相差悬殊的重要原因在于，蔬菜和水果属劳动密集型农产品，在国际贸易中我国具有比较优势，而粮食是土地密集型产品，我国处于比较劣势。粮经种植效益失衡势必对粮食生产产生冲击，但这种冲击对不同粮食生产主体和不同区域的影响是不同的。

就粮食生产主体而言，这种冲击对自给自足的小农户的粮食生产行为几乎没有影响，其粮食生产的目的是"自给"，因而对市场信息的反应不灵敏；这种冲击对以家庭成员生产为主的家庭农场的粮食生产行为的影响也较小，因其没有太多的劳动力投入到劳动密集型产品的生产中，故其生产决策改变的可能性较小。这两类经营主体对粮食生产的稳定发挥着重要作用，这也是前些年粮经种植效益失衡但粮食种植面积仍然维持在较高水平的重要原因。但这种冲击对以雇工生产为主的规模化新型农业经营主体的粮食生产行为影响较大，因其投入多且利润最大化的意识强，故对市场信息的反应比较灵敏，当种粮效益低下或预期效益将会下降时，他们的生产决策就会发生变化，较高利润的驱动使他们开始"非粮化"甚至"非农化"。随着粮食生产经营主体的加速分化，新型农业经营主体的数量不断增加，这种冲击也加强，这是前述"非粮化"形势严峻的最主要原因。

就不同区域而言：在人多地少的人口密集区域，这种冲击对粮食生产的影响较大，由于雇工可获得性强，从而使农业生产主体倾向于选择劳动密集型的农业生产，而在地多人少的耕地资源充裕区域，这种冲击对粮食生产的影响就较小，因雇工比较困难，继续维持粮食生产的可能性较大；在距离城市或大型蔬菜瓜果市场较近的区域，因需求量较大或销售便利而对粮食生产的影响较大，在其他区域则影响较小。

9.2.4　结论及政策含义

粮经种植效益悬殊，对粮食生产已经且将继续产生冲击，冲击的对象主要是规模化的新型粮食生产经营主体，冲击的区域主要是人口密集区域及距离城市或大型非粮农贸市场较近的区域。这一结论的政策含义在于，为稳定粮食生产，粮食补贴政策的重点作用对象应该为规模化新型农业经营主体，粮食补贴政策的实施区域应重点选择粮食主产区距离中心城市较远的产粮大县，以及主销区的类似产粮大县。

9.3　工业化和城镇化发展对粮食生产的冲击

9.3.1　工业化和城镇化发展现状

2000 年以来，我国工业化先后跨越初期阶段（达 1 000 美元，2001 年）、中期阶段（达 3 000 美元，2008 年），并于 2011 年步入工业化后期阶段（达 5 000 美元），与此同时，城镇化也快速推进，城镇化率由 2000 年的 0.36 提高到 2019 年的 0.60。具体情况见表 9－4。

表 9－4　我国人均 GDP、城镇化率、耕地面积与农民工工资

年份	人均 GDP（美元）	城镇化率	耕地面积（万公顷）	农民工工资（元）
2000	949.22	0.36	13 004.00	7 404
2001	1 041.68	0.38	12 761.58	7 728
2002	1 135.44	0.39	12 593.00	7 680
2003	1 273.65	0.41	12 339.22	8 280
2004	1 490.43	0.42	12 244.43	9 360
2005	1 731.63	0.43	12 208.27	10 332

（续）

年份	人均 GDP（美元）	城镇化率	耕地面积（万公顷）	农民工工资（元）
2006	2 069.80	0.44	12 177.59	11 352
2007	2 652.42	0.46	12 173.52	12 720
2008	3 413.63	0.47	12 171.60	14 460
2009	3 748.79	0.48	13 538.50*	17 004
2010	4 433.86	0.50	13 526.83	20 280
2011	5 449.62	0.51	13 523.86	24 588
2012	6 086.34	0.53	13 515.85	27 480
2013	6 766.71	0.54	13 516.34	31 308
2014	7 590.84	0.55	13 505.73	34 368
2015	8 106.00	0.56	13 500.00	36 864
2016	8 117.00	0.57	13 495.66	39 300
2017	8 827.00	0.58	13 488.12	41 820
2018	9 768.00	0.59	13 462.40	44 652
2019	10 276.00	0.60	13 486.66	47 544

*：2009 年耕地面积大幅度增加主要是因为土地二调发现耕地增加了 1 358.7 万公顷，并非当年实际增加了这么多，当年实际增加的耕地面积为 8.2 万公顷。

资料来源：EPS 数据库和相关部门统计公报。

9.3.2 工业化和城镇化发展对粮食生产的冲击分析

工业化和城镇化深入发展，从两方面对粮食生产产生冲击。

其一，对耕地的影响。工业化和城镇化的发展必然占用耕地，从而对粮食播种面积产生影响。如图 9-5 所示，2000 年以来，我国耕地面积绝大多数年份都在减少，其中 2003 年最为显著，减少了 253.78 万公顷；2008 年以后由于严格执行占补平衡制度，耕地减少数量在下降，2017 年减少了 7.54 万公顷，2018 年减少了 25.72 万公顷。占补平衡虽然稳定了耕地数量，但占优补劣行为导致耕地质量下降，从而影响粮食产量。

其二，对农业从业人员的影响。城镇化本身就是农村人口向城市转移

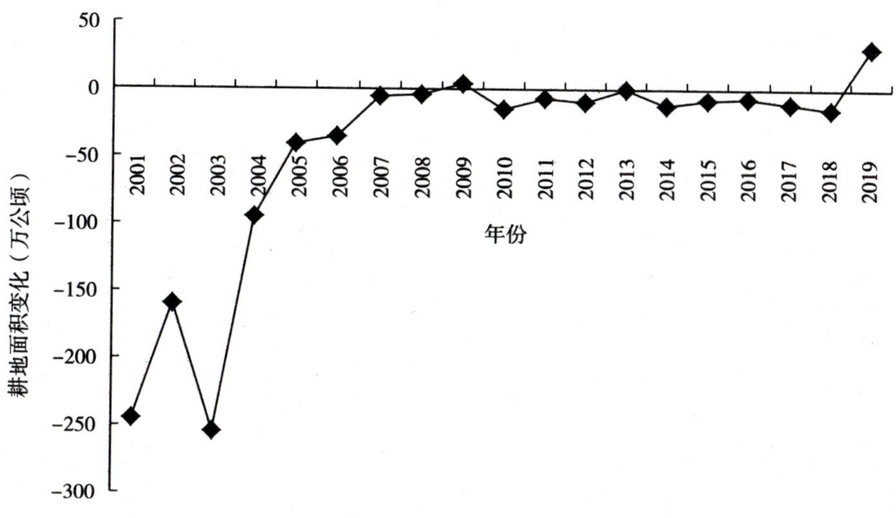

图 9-5　我国耕地面积变化情况

的过程，农民减少是必然。城镇化快速推动的重要原因是工业化深入发展抬高了农民工工资，而农民工工资的提高导致粮食生产的机会成本提高，从而对粮食生产产生冲击。

如图 9-6 所示，2000 年以来，我国农民工工资呈现快速上升的趋势，2019 年达到 47 544 元，这导致农村青壮年劳动力种粮的机会成本大幅上升。如 9.1.2 节中水稻种植的例子，一个青壮年劳动力流转土地种水稻，不雇工，种两季，每亩净利润为 110.91 元，加上两季的人工收入 1 001.31 元，经营一亩水稻田的年纯收入为 1 112.25 元，要达到外出务工收入 34 368 元，需经营 30.9 亩耕地，若雇工则需经营 310 亩耕地。受到资本投入的制约，以及出于风险规避的考虑，绝大多数青壮年劳动力会选择外出务工，留下老人和妇女在家种粮。“未来谁来种粮”是需要深入考虑的重要问题。

9.3.3　结论及政策含义

工业化和城镇化发展对粮食生产产生冲击，表现为耕地数量在减少，耕地质量在下降，种粮的机会成本在上升，农业从业人员数量在减少。这一结论的政策含义在于：需进一步加强耕地保护，提升耕地质量，千方百

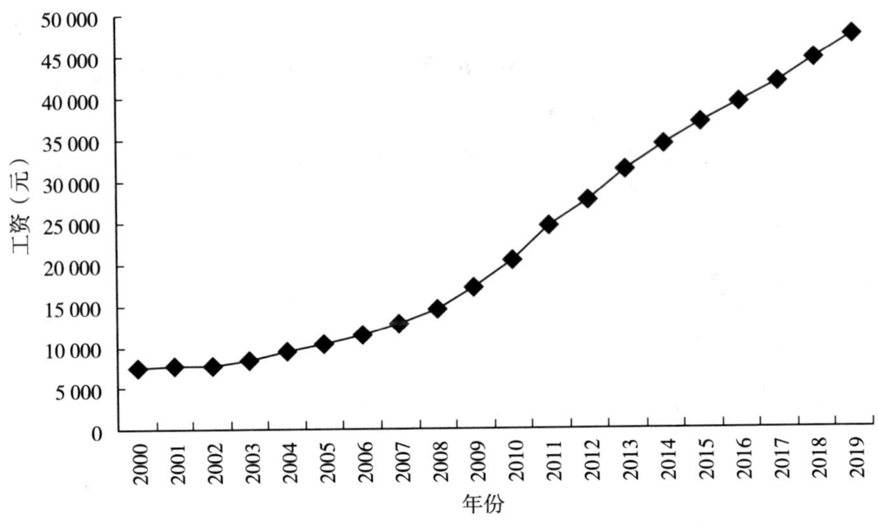

图 9-6 我国农民工工资变化情况

资料来源：EPS 数据库和相关部门统计公报。

计加快培育高素质农民和农场主。

9.4 汇率变动与国际粮价变动对我国粮食产业的冲击

9.4.1 汇率变动与粮食价格变动状况分析

（1）人民币汇率变动状况分析。如表 9-5 和图 9-7 所示，2004 年以前美元的人民币汇率（以下简称汇率）基本保持不变，2005 年汇率制度改革以后汇率总体上呈现下降的趋势（2015 年以后有所回升），年均振幅为 0.97%。2019 年平均汇率为 6.896 7 元/美元，与 2000 年平均汇率（8.278 4 元/美元）相比较，人民币升值了 16.69%。

表 9-5 2000—2019 年美元的人民币汇率及其变动情况

指标	2000 年	2001 年	2002 年	2003 年	2004 年	2005 年	2006 年
汇率（元/美元）	8.278 4	8.277 0	8.276 9	8.277 0	8.276 8	8.194 9	7.973 5
汇率变动（%）	−0.01	−0.02	0.00	0.00	0.00	−0.99	−2.70

（续）

指标	2007年	2008年	2009年	2010年	2011年	2012年	2013年
汇率（元/美元）	7.607 1	6.948 0	6.831 1	6.770 4	6.461 4	6.311 7	6.195 6
汇率变动（%）	−4.60	−8.66	−1.68	−0.89	−4.56	−2.32	−1.84
指标	2014年	2015年	2016年	2017年	2018年	2019年	
汇率（元/美元）	6.142 4	6.227 2	6.638 7	6.746 3	6.611 7	6.896 7	
汇率变动（%）	−0.86	1.38	6.60	1.62	−2.00	4.31	

资料来源：根据2000—2019年中国人民银行公布的汇率按平均值计算。

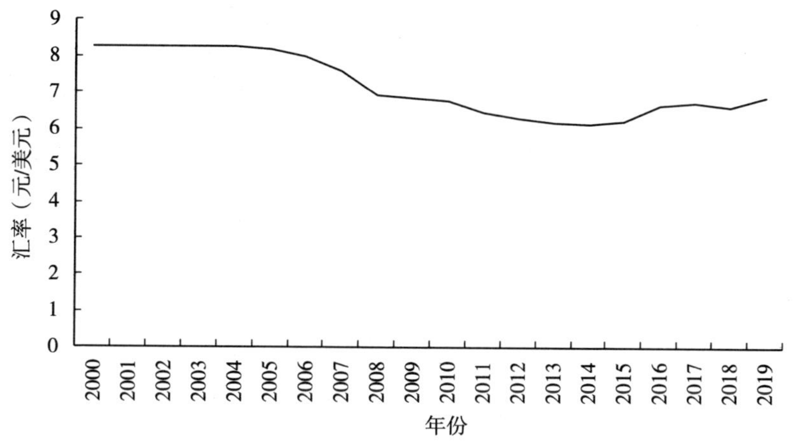

图9－7　人民币汇率变化趋势

（2）大米价格变动状况分析。如表9－6和图9－8所示，2000年以来，大米国际价格（按美元计算的到岸价格）先下降，2004年达到谷底，为0.330 7美元/千克；2005—2010年上升，2010年达到高峰为0.695 8美元/千克，比2004年上升了1倍多；2011—2015年下降，2015年下降到0.443 1美元/千克；2016年开始上升，2018年为0.532 2美元/千克。

大米进口价格（按汇率折算的人民币价格）变动趋势与国际价格相似，但变动幅度加大。2004年谷底时为2.737 2元/千克，2010年高峰时为4.710 8元/千克，2015年下降到2.759 4元/千克，2018年上升到3.518 7元/千克。

2003年以后，国内大米销售价格在最低收购价政策的支撑之下总体上呈上升趋势（2015 年有所下降），并于 2012 年以后高于进口大米价格。2012—2018 年国内大米每千克销售价格分别为 3.944 9 元、3.900 6 元、4.018 0 元、3.890 9 元、3.908 3 元、3.938 6 元和 3.697 7 元。

大米的最低收购价格（按稻谷的最低收购价格折算）呈上升趋势，2004 年为 2.071 4 元/千克，2015 年上升到 4.071 4 元/千克，上升了 96.6%，2018 年下降到 3.585 7 元/千克。从图 9-8 中可以清楚地看出，大米的最低收购价格对大米的销售价格具有明显的支撑作用。

表 9-6　大米价格变动情况

年份	最低收购价格（元/千克）	销售价格（元/千克）	销售价格变动（%）	进口价格（元/千克）	进口价格变动（%）	国际价格（美元/千克）	国际价格变动（%）
2000		1.478 3		3.887 7		0.469 6	
2001		1.533 7	3.75	3.030 3	−22.05	0.366 1	−22.04
2002		1.468 3	−4.26	2.769 7	−8.60	0.334 6	−8.60
2003		1.716 0	16.87	3.093 6	11.69	0.373 8	11.72
2004	2.071 4	2.280 6	32.90	2.737 2	−11.52	0.330 7	−11.53
2005	2.071 4	2.218 9	−2.71	3.143 2	14.83	0.383 6	16.00
2006	2.071 4	2.304 0	3.84	3.207 7	2.05	0.402 3	4.87
2007	2.071 4	2.434 6	5.67	3.540 3	10.37	0.465 4	15.68
2008	2.271 4	2.717 4	11.62	4.387 9	23.94	0.631 5	35.69
2009	2.642 9	2.830 9	4.18	4.090 6	−6.78	0.598 8	−5.18
2010	2.814 3	3.371 4	19.09	4.710 8	15.16	0.695 8	16.20
2011	3.214 3	3.843 7	14.01	4.389 9	−6.81	0.679 4	−2.36
2012	3.671 4	3.944 9	2.63	3.071 1	−30.04	0.486 6	−28.38
2013	3.971 4	3.900 6	−1.12	2.956 0	−3.75	0.477 1	−1.95
2014	4.071 4	4.018 0	3.01	2.985 9	1.01	0.486 1	1.89
2015	4.071 4	3.890 9	−3.16	2.759 4	−7.59	0.443 1	−8.85
2016	4.057 1	3.908 3	0.45	3.010 0	9.08	0.453 4	2.32
2017	3.957 1	3.938 6	0.78	3.113 4	3.44	0.461 5	1.79
2018	3.585 7	3.697 7	−6.12	3.518 7	13.02	0.532 2	15.32

资料来源：根据国研网数据库、农产品成本收益资料汇编及国家统计局公报整理，大米的最低收购价格和销售价格根据稻谷的平均最低收购价格和销售价格折算，折算系数为 1/0.7。

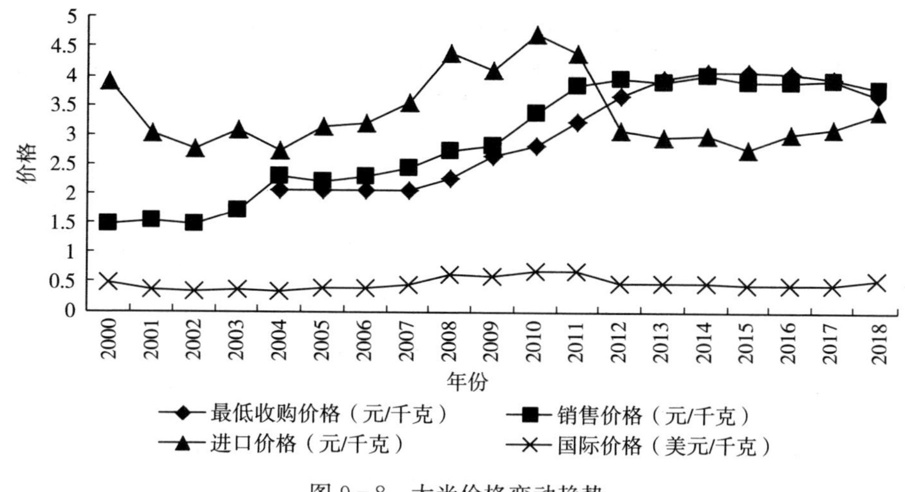

图 9－8　大米价格变动趋势

（3）小麦价格变动状况分析。如表 9－7 和图 9－9 所示，2000 年以来小麦国际价格（按美元计算的到岸价格）波动较大，2008 年以前总体上呈上升趋势，2008 年达到高峰为 0.370 0 美元/千克；2009 年以后呈下降趋势，2015 年为 0.299 5 美元/千克，2018 年为 0.276 8 美元/千克。

表 9－7　小麦价格变动情况

年份	最低收购价格（元/千克）	销售价格（元/千克）	销售价格变动（%）	进口价格（元/千克）	进口价格变动（%）	国际价格（美元/千克）	国际价格变动（%）
2000		1.057 6		1.386 3		0.167 5	
2001		1.050 2	−0.70	1.455 8	5.01	0.175 9	5.01
2002		1.025 0	−2.40	1.480 8	1.72	0.178 9	1.71
2003		1.128 4	10.09	1.573 0	6.23	0.190 0	6.20
2004		1.489 4	31.99	1.880 7	19.56	0.227 2	19.58
2005		1.380 2	−7.33	1.789 1	−4.87	0.218 3	−3.92
2006	1.40	1.432 2	3.77	1.559 5	−12.83	0.195 6	−10.40
2007	1.40	1.511 6	5.54	2.184 1	40.05	0.287 1	46.78
2008	1.47	1.655 2	9.50	2.570 4	17.69	0.370 0	28.87
2009	1.69	1.848 2	11.66	1.602 8	−37.64	0.234 6	−36.59
2010	1.75	1.980 2	7.14	1.738 5	8.47	0.256 8	9.46

（续）

年份	最低收购价格（元/千克）	销售价格（元/千克）	销售价格变动（%）	进口价格（元/千克）	进口价格变动（%）	国际价格（美元/千克）	国际价格变动（%）
2011	1.88	2.079 0	4.99	2.172 7	24.98	0.336 3	30.96
2012	2.04	2.166 2	4.19	1.891 2	−12.96	0.299 6	−10.91
2013	2.24	2.356 2	8.77	2.103 1	11.20	0.339 4	13.28
2014	2.36	2.411 8	2.36	2.003 5	−4.74	0.326 2	−3.89
2015	2.36	2.420 7	0.37	1.865 2	−6.90	0.299 5	−8.19
2016	2.36	2.331 8	−3.67	1.571 9	−15.72	0.239 3	−20.10
2017	2.30	2.320 0	−0.51	1.665 4	5.95	0.244 9	2.34
2018	2.24	2.243 6	−3.30	1.832 4	10.03	0.276 8	13.03

资料来源：根据国研网数据库、农产品成本收益资料汇编及国家统计局公报整理计算。

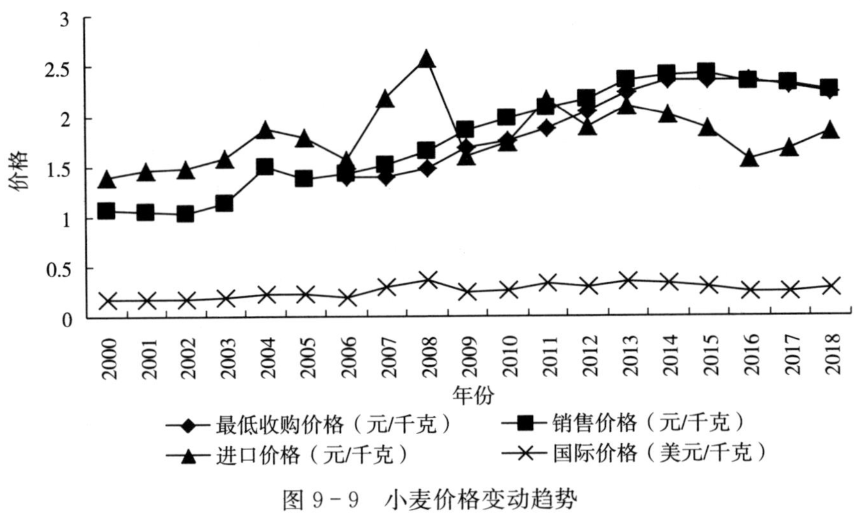

图 9－9　小麦价格变动趋势

小麦进口价格（按汇率折算的人民币价格）变动趋势与国际价格相似，但变动幅度更大。2000 年价格最低，为 1.386 3 元/千克，2008 年高峰时为 2.570 4 元/千克，2015 年下降到 1.865 2 元/千克，2018 年为 1.832 4 元/千克。

2003 年后尤其是 2006 年以后，国内小麦销售价格在最低收购价政策的支撑之下总体上呈上升趋势，并于 2012 年以后高于小麦进口价格。2012—2018 年国内小麦每千克销售价格分别为 2.166 2 元、2.356 2 元、

2.411 8 元、2.420 7 元、2.331 8 元、2.320 0 元和 2.243 6 元。

小麦的最低收购价格总体呈上升趋势（2017 年以后开始下调），2006 年为 1.40 元/千克，2018 年为 2.24 元/千克，上升了 60%。

（4）玉米价格变动状况分析。如表 9－8 和图 9－10 所示，2004—2006 年，玉米国际价格（按美元计算的到岸价格）大幅下降，2007—2011 年波动上升，其中 2008 年上升了 50.98%，2011 年上升了 41.00%，达到高峰 0.330 5 美元/千克；2012 年以后呈下降趋势，2018 年玉米的国际价格为 0.224 1 美元/千克。

玉米进口价格（按汇率折算的人民币价格）变动幅度较大。2007 年价格高峰时为 2.570 8 元/千克，2018 年为 1.788 9 元/千克。

2008—2014 年玉米的临时收储价格呈上升趋势，由 2008 年 1.50 元/千克上升到 2014 年 2.24 元/千克，2015 年下调到 2.00 元/千克，2016 年玉米临时收储政策取消。

2005—2015 年，国内玉米销售价格在临时收储政策的支撑之下总体上呈上升趋势（2013 年和 2015 年下降），并于 2011—2015 年高于玉米进口价格。2016—2018 年，随着玉米临时收储政策的取消及“价补分离”政策的实施，国内玉米销售价格开始低于进口价格。2012—2018 年国内玉米每千克销售价格分别为 2.222 6 元、2.176 2 元、2.237 0 元、1.884 6 元、1.539 8 元、1.643 2 元和 1.765 0 元。

表 9－8　玉米价格变动情况

年份	临时收储价格（元/千克）	销售价格（元/千克）	销售价格变动（%）	进口价格（元/千克）	进口价格变动（%）	国际价格（美元/千克）	国际价格变动（%）
2004		1.161 2		1.788 9		0.437 5	
2005		1.110 6	−4.36	1.559 6	−12.82	0.379 0	−13.37
2006		1.267 8	14.15	2.184 0	40.03	0.172 3	−54.54
2007		1.495 2	17.94	2.570 8	17.71	0.172 8	0.29
2008	1.50	1.449 6	−3.05	1.602 6	−37.66	0.260 9	50.98
2009	1.50	1.640 2	13.15	1.738 6	8.49	0.237 1	−9.12

（续）

年份	临时收储价格（元/千克）	销售价格（元/千克）	销售价格变动（%）	进口价格（元/千克）	进口价格变动（%）	国际价格（美元/千克）	国际价格变动（%）
2010	1.80	1.872 4	14.16	2.173 0	24.98	0.234 4	−1.14
2011	1.98	2.121 4	13.30	1.891 0	−12.98	0.330 5	41.00
2012	2.12	2.222 6	4.77	2.102 8	11.20	0.324 2	−1.91
2013	2.24	2.176 2	−2.09	2.003 7	−4.71	0.286 7	−11.57
2014	2.24	2.237 0	2.79	1.865 0	−6.92	0.280 6	−2.13
2015	2.00	1.884 6	−15.75	1.588 6	−14.82	0.234 4	−16.46
2016	—	1.539 8	−18.30	1.652 2	4.00	0.172 1	−26.58
2017	—	1.643 2	6.72	1.830 1	10.77	0.213 2	23.88
2018	—	1.765 0	7.41	1.788 9		0.224 1	5.11

资料来源：根据国研网数据库、农产品成本收益资料汇编及国家统计局公报整理计算。

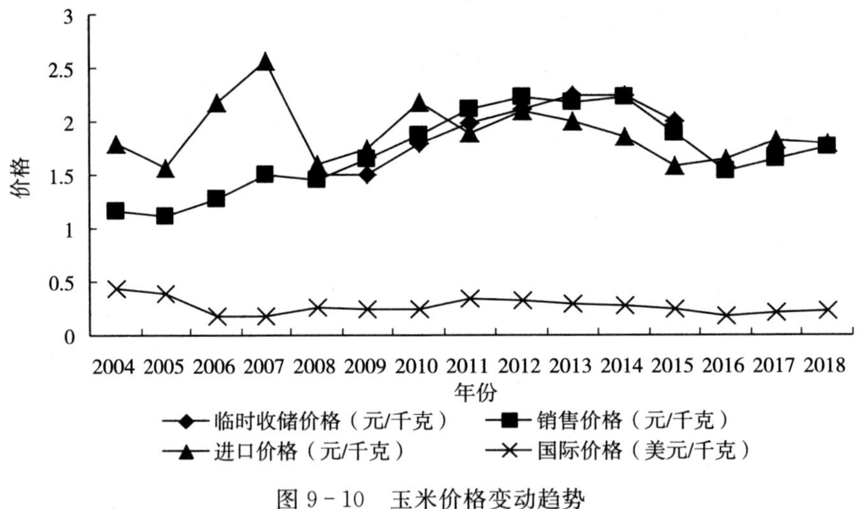

图 9－10　玉米价格变动趋势

（5）大豆价格变动状况分析。如表 9－9 和图 9－11 所示，2000—2012 年，大豆国际价格（按美元计算的到岸价格）呈波动上升的趋势，2012 年达到高峰 0.599 3 美元/千克。2013 年以后总体上呈下降的趋势，2018 年为 0.432 4 美元/千克。

表 9-9　大豆价格变动情况

年份	临时收储价格（元/千克）	销售价格（元/千克）	销售价格变动（%）	进口价格（元/千克）	进口价格变动（%）	国际价格（美元/千克）	国际价格变动（%）
2000		2.055 4		1.803 9		0.217 9	
2001		1.935 2	−5.85	1.667 8	−7.54	0.201 5	−7.53
2002		2.209 0	14.15	1.816 8	8.93	0.219 5	8.93
2003		2.944 6	33.30	2.162 0	19.00	0.261 2	19.00
2004		2.820 4	−4.22	2.855 5	32.08	0.345 0	32.08
2005		2.567 4	−8.97	2.397 0	−16.06	0.292 5	−15.22
2006		2.515 2	−2.03	2.112 2	−11.88	0.264 9	−9.44
2007		4.141 0	64.64	2.831 4	34.05	0.372 2	40.51
2008	3.70	3.685 2	−11.01	4.047 9	42.97	0.582 6	56.53
2009	3.74	3.683 4	−0.05	3.015 9	−25.49	0.441 5	−24.22
2010	3.80	3.872 2	5.13	3.098 8	2.75	0.457 7	3.67
2011	4.00	4.083 4	5.45	3.662 3	18.18	0.566 8	23.84
2012	4.60	4.727 8	15.78	3.782 6	3.28	0.599 3	5.73
2013	4.60	4.687 2	−0.86	3.713 0	−1.84	0.599 3	0.00
2014	—	4.388 2	−6.37	3.465 5	−6.67	0.564 2	−5.86
2015	—	3.962 4	−0.34	2.650 3	−23.52	0.425 6	−24.57
2016	—	3.804 0	−4.00	2.688 7	1.45	0.405 0	−4.84
2017	—	3.765 2	−1.02	2.799 0	4.10	0.414 9	2.44
2018	—	3.661 8	−2.75	2.858 9	2.14	0.432 4	4.22

资料来源：根据国研网数据库、农产品成本收益资料汇编及国家统计局公报的数据整理计算。

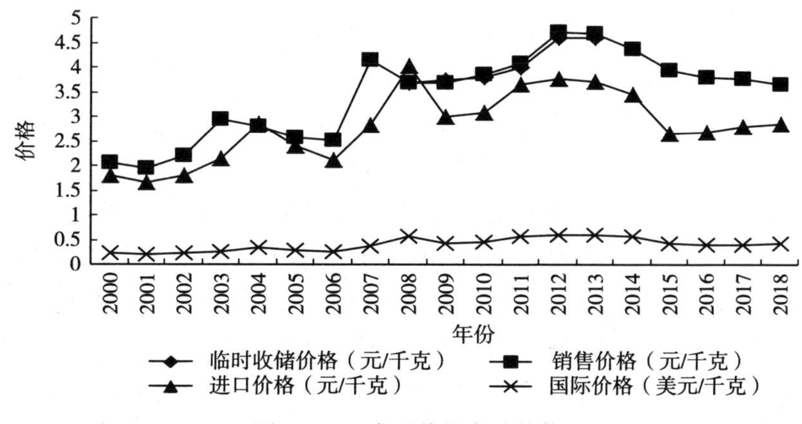

图 9-11　大豆价格变动趋势

大豆进口价格（按汇率折算的人民币价格）变动趋势与国际价格相似，但变动幅度更大。2008 年价格高峰时为 4.047 9 元/千克，2018 年下降到 2.858 9 元/千克。

2007 年以前，大豆国内销售价格高于进口价格（2004 年除外），2008 年国内价格一度下降到进口价格以下，同年大豆临时收储政策实施，在临时收储政策的支撑之下大豆价格呈上升趋势，2012 年价格达到高峰（4.727 8 元/千克），2013 年后大豆销售价格略有下降，2014 年大豆临时收储政策取消，先后实施目标价格补贴和“价补分离”政策，大豆销售价格呈下降趋势，但仍然高于进口价格，2018 年为 3.661 8 元/千克。

9.4.2 汇率变动与国际粮价变动对我国粮食产业的冲击分析

（1）汇率变动与国际大米价格变动对大米产业的冲击。粮食进口价格是国际粮价与汇率的乘积，所以汇率或国际粮价变动都会影响粮食进口价格，从而对粮食进口量产生影响。

如表 9－10 所示，大米进口价格变动的主要原因是国际大米价格变动，这种影响始终是正向的，也就是说国际大米价格上升，进口大米价格上升，国际大米价格下降，进口大米价格下降。但汇率则不然，由于人民币总体上处于升值状态，因此，人民币汇率的变动对大米进口价格下降的影响为正向，对大米进口价格上升的影响是反向的，也就是说人民币汇率的变动对大米进口价格下跌具有促进作用，对大米进口价格上升反而具有抑制作用。如 2006 年，大米进口价格上升了 2.05％，其中国际价格变动的贡献为 237.56％，汇率变动的贡献为－131.79％，显然人民币汇率的变动抑制了进口价格的上升。再如 2011 年，大米进口价格下降了 6.81％，其中国际价格变动的贡献为 34.65％，而汇率变动的贡献率高达 67.02％，显然人民币汇率的变动促进了大米进口价格的下降。

一方面，国际大米价格下跌和人民币汇率下降推动了大米进口价格的快速下降，另一方面，国内稻谷最低收购价政策推动了国内大米销售价格上涨，结果是国内大米销售价格自 2012 年起高于大米进口价格，2012 年高出 28.45％，2013 年高出 31.96％，2014 年高出 34.57％，2015 年高出 41.01％。进而导致大米进口量大幅增加，2012 年大米进口 237 万吨，比

2011 年增加了 295%，2013 年为 227 万吨，2014 年增加到 258 万吨，2017 年进一步增加到 403 万吨，已与大米进口关税配额 532 万吨相差不远。在国内大米供给比较充裕的情况下，政府收储必然增加，“黄箱”补贴必然增加，仓储成本必然增加。

表 9－10　大米进口量与进口价格影响因素

年份	销售价格（元/千克）	进口关税配额（万吨）	进口量（万吨）	进口价格（元/千克）	进口价格变动（%）	国际价格变动贡献（%）	汇率变动贡献（%）	两者共同贡献（%）
2001	1.533 7		27	3.030 3	−22.05	99.95	0.08	−0.02
2002	1.468 3	199.5	24	2.769 7	−8.60	100.00	0.01	0.00
2003	1.716 0	232.8	26	3.093 6	11.69	100.26	0.01	0.00
2004	2.280 6	266.0	77	2.737 2	−11.52	100.09	0.02	0.00
2005	2.218 9	532.0	52	3.143 2	14.83	107.89	−6.67	−1.07
2006	2.304 0	532.0	73	3.207 7	2.05	237.56	−131.79	−6.42
2007	2.434 6	532.0	49	3.540 3	10.37	151.21	−44.31	−6.95
2008	2.717 4	532.0	33	4.387 9	23.94	149.08	−36.19	−12.92
2009	2.830 9	532.0	36	4.090 6	−6.78	76.40	24.82	−1.29
2010	3.371 4	532.0	39	4.710 8	15.16	106.86	−5.86	−0.95
2011	3.843 7	532.0	60	4.389 9	−6.81	34.65	67.02	−1.58
2012	3.944 9	532.0	237	3.071 1	−30.04	94.47	7.71	−2.19
2013	3.900 6	532.0	227	2.956 0	−3.75	52.00	49.05	−0.96
2014	4.018 0	532.0	258	2.985 9	1.01	187.13	−85.02	−1.61
2015	3.890 9	532.0	338	2.759 4	−7.59	116.60	−18.19	1.61
2016	3.908 3	532.0	356	3.010 0	9.08	25.55	72.77	1.69
2017	3.908 6	532.0	403	3.113 4	3.44	52.09	47.17	0.84
2018	3.697 7	532.0	308	3.518 7	13.02	117.68	−15.33	−2.35

资料来源：根据国研网数据库、农产品成本收益资料汇编及国家统计局公报整理计算。

（2）汇率变动与国际小麦价格变动对小麦产业的冲击。如表 9－11 所示，小麦进口价格变动的主要原因是国际小麦价格变动，这种影响始终是正向的。同大米一样，大多数年份人民币汇率的变动对小麦进口价格下跌具有促进作用，对进口价格上升反而具有抑制作用。如 2008 年，小麦进口价格上升了17.71%，其中国际价格变动的贡献为163.26%，汇率变动的贡献为−48.99%，显然人民币汇率的变动抑制了小麦进口价格的上升。再如2016年，小麦进口价格下降了14.82%，其中国际价格变动的贡献为135.62%，而汇率变动的贡献为−44.59%，显然人民币汇率的变动促进了小麦进口价格的下降。

表9-11 小麦进口量与进口价格影响因素

年份	销售价格（元/千克）	进口关税配额（万吨）	进口量（万吨）	进口价格（元/千克）	进口价格变动（%）	国际价格变动贡献（%）	汇率变动贡献（%）	两者共同贡献（%）
2001	1.050 2		69	1.455 9	5.00	100.03	−0.34	−0.02
2002	1.025 0	846.8	63	1.480 7	1.70	99.32	−0.07	0.00
2003	1.128 4	905.2	45	1.572 6	6.21	99.65	0.02	0.00
2004	1.489 4	963.6	726	1.880 5	19.58	100.09	−0.01	0.00
2005	1.380 2	963.6	354	1.788 9	−4.87	80.43	20.32	−0.80
2006	1.432 2	963.6	61	1.559 6	−12.82	81.03	21.05	−2.19
2007	1.511 6	963.6	10	2.184 0	40.03	116.80	−11.47	−5.37
2008	1.655 2	963.6	4	2.570 8	17.71	163.26	−48.99	−14.14
2009	1.848 2	963.6	90	1.602 6	−37.66	97.21	4.47	−1.64
2010	1.980 2	963.6	123	1.738 6	8.49	111.77	−10.50	−0.99
2011	2.079 0	963.6	126	2.173 0	24.98	123.95	−18.27	−5.66
2012	2.166 2	963.6	370	1.891 0	−12.98	84.23	17.88	−1.95
2013	2.356 2	963.6	554	2.102 8	11.20	118.56	−16.42	−2.18
2014	2.411 8	963.6	300	2.003 7	−4.71	82.12	18.13	−0.71
2015	2.420 7	963.6	301	1.865 0	−6.92	118.58	−20.00	1.64
2016	2.331 8	963.6	341	1.588 6	−14.82	135.62	−44.59	8.96
2017	2.320 0	963.6	442	1.652 2	4.00	58.52	40.53	0.95
2018	2.243 6	963.6	310	1.830 1	10.77	120.98	−18.52	−2.41

资料来源：根据国研网数据库、农产品成本收益资料汇编及国家统计局公报整理计算。

一方面，国际小麦价格下跌和人民币汇率下降推动了小麦进口价格的快速下降，另一方面，国内小麦最低收购价政策推动了国内小麦销售价格较快上涨，结果是国内小麦销售价格自2009年起高于小麦进口价格，

2009年高出15.33%，2013年高出12.05%，2014年高出20.37%，2015年高出29.80%，2016年高出46.78%，2017年高出40.42%，2018年高出22.59%。进而导致小麦进口较大幅增加，2012年小麦进口370万吨，比2011年增加了193.65%，2013年为554万吨，2014年为300万吨，2015年为301万吨，2016年为341万吨，2017年为442万吨，2018年为310万吨。虽然目前尚未突破进口关税配额，但与前面大米的分析一样，在国内小麦供给比较充裕的情况下，政府收储增加，“黄箱”补贴增加，仓储成本增加。

（3）汇率变动与国际玉米价格变动对玉米产业的冲击。如表9-12所示，玉米进口价格变动的主要原因是国际玉米价格变动，这种影响都是正向的。同大米和小麦一样，大多数年份人民币汇率的变动对玉米进口价格下跌具有促进作用，对进口价格上升反而具有抑制作用。如2008年，玉米进口价格下降了4.34%，其中国际价格变动的贡献为134.52%，汇率变动的贡献为—22.86%，显然人民币汇率的变动抑制了玉米进口价格的上升。再如2013年，玉米进口价格下降了4.17%，其中国际价格变动的贡献为87.61%，而汇率变动的贡献为13.93%，显然人民币汇率的变动促进了玉米进口价格的下降。

表9-12　玉米进口量与进口价格影响因素

年份	销售价格（元/千克）	进口关税配额（万吨）	进口量（万吨）	进口价格（元/千克）	进口价格变动（%）	国际价格变动贡献（%）	汇率变动贡献（%）	两者共同贡献（%）
2005	1.110 6	720.0	0.389 7	3.640 7		93.98	6.95	—0.93
2006	1.267 8	720.0	7	3.105 9	—14.69	97.82	4.85	—2.64
2007	1.495 2	720.0	4	1.374 2	—55.76	—6.68	105.77	0.31
2008	1.449 6	720.0	5	1.314 5	—4.34	134.52	—22.86	—11.66
2009	1.640 2	720.0	9	1.812 7	37.90	85.72	15.81	—1.44
2010	1.872 4	720.0	157	1.619 8	—10.64	56.24	43.88	—0.50
2011	2.121 4	720.0	175	1.586 7	—2.04	118.60	—13.20	—5.41
2012	2.222 6	720.0	521	2.135 6	34.59	45.69	55.53	—1.06

（续）

年份	销售价格（元/千克）	进口关税配额（万吨）	进口量（万吨）	进口价格（元/千克）	进口价格变动（%）	国际价格变动贡献（%）	汇率变动贡献（%）	两者共同贡献（%）
2013	2.176 2	720.0	327	2.046 5	−4.17	87.61	13.93	−1.61
2014	2.237 0	720.0	260	1.776 3	−13.20	72.13	29.11	−0.62
2015	2.110 4	720.0	473	1.723 5	−2.97	107.31	−9.00	1.48
2016	1.539 8	720.0	317	1.588 6	−14.82	135.62	−44.59	8.96
2017	1.643 2	720.0	283	1.652 2	4.00	58.52	40.53	0.95
2018	1.765 0	720.0	352	1.830 1	10.77	120.98	−18.52	−2.41

资料来源：根据国研网数据库、农产品成本收益资料汇编及国家统计局公报整理计算。

2008 年以来，国际玉米价格波动性下跌和人民币汇率下降推动了玉米进口价格的波动性下降，另外，2008 年实施的玉米临时收储政策推动了国内玉米销售价格较快上升，这导致国内玉米销售价格在大多数年份都高于玉米进口价格，2008 年高出 10.28%，2010—2015 年分别高出 15.59%、33.70%、4.07%、6.34%、25.94%、22.45%。玉米进口大幅增加，2010 年迅速增加到 157 万吨，2012 年更增加到 521 万吨，2015 年为 473 万吨，2018 年为 352 万吨。与此同时，较高的国内玉米价格使部分国内市场主体开始进口没有配额限制的玉米替代品如大麦、高粱、酒糟蛋白饲料（DDGS）、木薯等，如 2008 年我国大麦进口量仅 108 万吨，2009 年增加到 174 万吨，2014 年增加到 541 万吨，2015 年进一步增加到 1 073 万吨，这对国产玉米销售产生强烈冲击。在玉米临时收储政策框架下，国内玉米收储大量增加，“黄箱”补贴、仓储成本也相应增加。这迫使政府下调了 2015 年的玉米临时收储价格，并于 2016 年取消了玉米的临时收储政策。

（4）汇率变动与国际大豆价格变动对大豆产业的冲击。如表 9 - 13 所示，大豆进口价格变动的主要原因是国际大豆价格变动，这种影响都是正向的。同前文分析三类谷物一样，大多数年份人民币汇率的变动对大豆进口价格下跌具有促进作用，对进口价格上升反而具有抑制作用。

表 9－13　大豆进口量与进口价格影响因素

年份	销售价格（元/千克）	进口价格（元/千克）	销售与进口价格差（%）	进口量（万吨）	进口价格变动（%）	国际价格变动贡献（%）	汇率变动贡献（%）	两者共同贡献（%）
2000	2.055 4	1.803 6	13.96	1 042				
2001	1.935 2	1.668 2	16.01	1 394	－7.51	100.26	0.23	－0.02
2002	2.209 0	1.817 0	21.57	1 131	8.92	100.15	－0.01	0.00
2003	2.944 6	2.161 8	36.21	2 074	18.98	100.11	0.01	0.00
2004	2.820 4	2.855 5	－1.23	2 023	32.09	99.98	－0.01	0.00
2005	2.567 4	2.397 4	7.09	2 659	－16.04	94.86	6.17	－0.94
2006	2.515 2	2.112 2	19.08	2 827	－11.90	79.32	22.71	－2.14
2007	4.141 0	2.831 6	46.24	3 082	34.06	118.93	－13.49	－5.46
2008	3.685 2	4.047 9	－8.96	3 744	42.95	131.60	－20.17	－11.40
2009	3.683 4	3.016 1	22.12	4 255	－25.49	95.01	6.60	－1.60
2010	3.872 2	3.098 7	24.96	5 480	2.74	133.98	－32.45	－1.19
2011	4.083 4	3.662 1	11.50	5 264	18.18	131.10	－25.10	－5.98
2012	4.727 8	3.782 7	24.98	5 838	3.29	174.12	－70.35	－4.03
2013	4.687 2	3.713 2	26.23	6 338	－1.84	0.00	100.12	0.00
2014	4.388 2	3.465 6	26.62	7 140	－6.67	87.83	12.88	－0.75
2015	4.373 2	2.650 4	65.00	8 169	－23.52	104.43	－5.87	1.44
2016	3.804 0	2.688 7	41.48	8 391	1.45	－334.25	456.35	－22.09
2017	3.765 2	2.799 0	34.52	9 553	4.10	59.44	39.48	0.96
2018	3.661 8	2.858 9	28.08	8 808	2.14	197.33	－93.29	－3.94

资料来源：根据国研网数据库、农产品成本收益资料汇编及国家统计局公报整理计算。

虽然国产大豆与进口大豆的用途存在较大差异，但是两者之间仍然存在较强的替代性。2000 年以来，除 2004 年和 2008 年外，国内大豆销售价格都高于进口价格，且大豆没有关税配额限制，在四大粮食作物中，大豆进口量最大在所难免。一方面，2009 年以来，大豆国际价格下降和人民币升值共同推动了大豆进口价格的下降，另一方面，2008 年实施的大豆临时收储政策在很大程度上稳定了国内销售价格，使内外的价格差进一步扩大。如表 9－13 所示，2009 年以来，除 2011 年外，其他各年价格差都在 20%以上。价格差的扩大导致大豆进口进一步增加，2009 年大豆进口突破 4 000 万吨，2010 年突破 5 000 万吨，2013 年突破 6 000 万吨，2014 年突破 7 000 万吨，2015 年突破 8 000 万吨，2017 年突破 9 000 万吨。大豆进口的大量增加，对豆类生产产生严重冲击，导致豆类种植面积减少，总产量下降。如表 9 - 14 所示，2008 年豆类播种面积 18 177.00 万亩，与 2000 年相比并没有减少多少，但 2009 年以后，豆类播种面积持续下滑，2015 年下降到 13 277.40 万亩，比 2008 年下降了 27%，产量下降到 1 588.00 万吨，比 2008 年下降了 22%。2008 年实施的大豆临时收储政策除在一定程度上稳定豆农收入之外，并没有对大豆生产起到较好的促进作用，更没有抵御住来自国际市场的较大冲击。2014 年大豆临时收储政策取消，先后被目标价格政策和“价补分离”政策替代。

表 9 - 14　2000—2018 年豆类播种面积与产量

指标	2000 年	2001 年	2002 年	2003 年	2004 年	2005 年	2006 年
播种面积（万亩）	18 990.00	19 901.70	18 814.65	19 347.75	19 198.35	19 352.25	18 224.10
产量（万吨）	2010.00	2 052.80	2 241.20	2 127.50	2 232.10	2 157.70	2 003.70
指标	2007 年	2008 年	2009 年	2010 年	2011 年	2012 年	2013 年
播种面积（万亩）	17 669.25	18 177.00	17 923.20	16 913.55	15 977.10	14 564.10	13 835.40
产量（万吨）	1 720.10	2 043.30	1 930.30	1 896.50	1 908.40	1 730.50	1 595.30
指标	2014 年	2015 年	2016 年	2017 年	2018 年		
播种面积（万亩）	13 768.20	13 277.40	13 930.50	15 076.50	15 279.00		
产量（万吨）	1 625.50	1 588.00	1 650.70	1 841.60	1 920.300		

资料来源：2002—2019 年《中国统计年鉴》。

9.4.3 结论及政策含义

国际粮价和人民币汇率直接影响粮食进口价格，而国内粮食最低收购价政策和部分年份实施的玉米和大豆临时收储政策推动了国内粮食价格的上涨，导致国内销售价格与进口价格的价格差发生明显变化，2012—2015 年，大米、小麦、玉米和大豆的国内销售价格均高于进口价格，粮食进口明显增加。目前大米和小麦由于有进口关税配额，更重要的是替代品少且国际市场供给有限，虽然进口增加幅度较大但总量并不太高，对国内产业冲击并不明显。但玉米、大豆不同，玉米虽然有关税配额，但其替代品较多，在国内销售价格明显高于进口价格的情形下，玉米替代品大量增加，对国内玉米销售产生很大冲击；由于大豆没有关税配额，在国内销售价格明显高于进口价格的情形下，进口随之大量增加，结果是政府收储增加，仓储成本增加，“黄箱”补贴总量增加。

这一结论的政策含义在于：粮食的国内价格支持政策扭曲了粮食价格，削弱了我国粮食产业的国际竞争力，在 WTO 规则的制约之下，难以经受外部环境变化的冲击，需要对价格支持政策进行改革完善，尽量发挥市场配置资源的决定作用。此外，由于我国对国际粮食价格的影响有限，应加强对人民币汇率的科学管理，以避免我国产业发展承受较大的外部冲击。

第 10 章　粮食补贴政策调整的国际经验

本章对美国、欧盟、日本和韩国的主要农业补贴政策尤其是粮食补贴政策进行回顾，并分析对我国的启示，为我国粮食补贴政策调整完善提供依据。

10.1　世界主要国家及地区农业补贴政策回顾[①]

10.1.1　美国的农业补贴政策

美国自 1933 年制定《1933 年农业调整法》以来，先后出台了 17 部法案，每一部新法案出台都意味着美国农业补贴政策在调整。80 多年来，美国的农业补贴目标主要是提高农民收入、鼓励农产品出口、保护环境和促进农村发展。

1933—1995 年，美国先后实施了六大类农业补贴政策，包括直接补贴、投入品补贴、市场价格支持、营销环节支持、长期性补贴及其他支持。

《1996 年联邦农业完善与修改法》对农业补贴政策作了如下调整：①取消目标价格和价格差额补贴，实行多种收入支持措施。从 1996 年起取消长期实行的农产品目标价格和价格差额补贴，2002 年后将停止向农场主提供农产品价格和收入支持方面的补贴，使美国农业“完全过渡到市场经济”。②设立过渡性的弹性生产合同补贴（AMTA），以直接固定收

---

① 为方便读者阅读，这部分引用了一些成熟的研究成果，主要来自李先德等（2012）、郭建军（2001）、张文宝等（1997）、郭玮（2002）、陈锡文等（2003）、王月荣等（2014）、陈红敏（2012）、胡越（2014）、徐元明（2008）、于军华（2010）、刘翠翠（2013）、王国华（2015）、马晓春等（2010）、许颖等（2009）、费文俊等（2015），学术贡献归于上述学者。

入支持替代国内价格支持。为了弥补农产品目标价格和价格差额补贴取消后对农民收入造成的损失，1996—2002 年设立弹性生产合同补贴作为过渡。此外，美国已经将补偿性支付与谷物种植者脱钩，进而使“黄箱”价格支持转变为“绿箱”对农民直接固定支付（郭建军，2001）。③取消对农场主储备的补贴。④导入市场丧失补助政策。⑤解除大部分农作物的种植限制，只要耕地不被非农业占用，农场主有权在其所有的耕地面积上种植除水果蔬菜以外的任何农产品，却不影响其获得收入补贴的权利（张文宝等，1997）。⑥终止农产品供给管理。⑦修正无追索权贷款率的确定方法。

《2002 年农业法》主要通过“贷款差额补贴”“固定直接补贴”和“反周期补贴”等措施，对农民构建“三级收入安全网”。①贷款差额补贴。这种补贴相当于为农民设置“最低保护价”，但政府无须承担过剩农产品的库存费用。②固定直接补贴（DP)。《2002 年农业法》为农民建立了不与农产品生产、价格挂钩的固定直接补贴制度，政府对愿意参与该计划的农民预先确定作物的面积和产量基础，并对每种补贴商品规定一个固定的直接补贴率，以此计算向农民提供的直接补贴额。固定直接补贴主要用来代替 1996 年农业法中的弹性生产合同补贴。③反周期补贴（CCPS)。政府向农民提供的支持措施与市场价格反向运动，当农产品价格下降时增加补贴，农产品价格上升时减少补贴。当农产品的有效价格低于政府确定的目标价格时，政府将向农民提供反周期补贴。

《2003 年农业援助法案》向遭受与气候有关灾害及其他紧急情况损失的生产者提供补贴。包括作物灾害计划（CDP)、牲畜补偿计划（LCP）和牲畜援助计划（LAP）三种农业补贴政策。该法案再次扩大了农产品补贴范围，及时修补了《2002 年农业法》执行中的一些漏洞。

《2008 年食品、自然资源保护以及能源法》仍然以直接补贴为主导，建立了农作物平均收入选择项目，农户可以在反周期支付和平均农作物收入项目之间进行选择。总调整方向是减少价格补贴，增加农民收入和农业结构调整方面的补贴。

经过一系列的争论与协商，2014 年 2 月 7 日，奥巴马签署 2014 年新农业法案，新法案对农业补贴政策作出重大调整，取消了固定直接补贴、反周期补贴和农作物平均收入选择项目等补贴措施，新设立了不与生产挂钩的价格损失保险计划和农业风险保障计划两个项目，“黄箱”补贴“绿箱”化趋势比较明显。此外，继续实施休耕制度，支持生态环境保护，加强农村宽带服务、远距离学习和医疗、污水处理与利用、垃圾处理及节能项目等农村基础设施建设项目的支持力度；在农村产业发展方面，新增了“高附加值农产品市场开发赠款”计划并向有经验的农业生产者倾斜，并且促进可再生能源的开发与利用等。

10.1.2 欧盟的农业补贴政策

1962年，共同农业政策（CAP）出台，这一政策主要以由干预价格、目标价格和门槛价格组成的价格支持体系为主导，辅以生产保险、退耕还林计划等非价格支持工具。政策实施到20世纪80年代，欧共体的农业生产暴露出一些问题，主要表现为粮食等农产品产量过剩、食品安全和环境保护压力加大、农产品贸易扭曲等。

到20世纪90年代，过剩的粮食产量给欧盟带来沉重的财政负担，欧盟在1992年被迫进行共同农业政策改革。这一改革也标志着欧盟农业政策重心的转移，即由价格支持转向价格补贴体系。1992年对CAP的改革的主要措施包括三个方面：①自1992年起，逐步减少对农产品价格的支持，共减少29%左右；②鼓励绿色生产，保护环境，对自愿休耕的农民进行补贴；③实施与粮食生产面积相挂钩的直接收入补贴政策。此次改革使用的直接补贴成为CAP的第一支柱，而后期提出的农村发展政策成为CAP的第二支柱。1999年欧盟出台《2000年议程》，标志着与农产品总量限制相结合的价格补贴体系形成。欧盟实行与当前粮食单产相挂钩的补贴方式，这种与单产相挂钩的补贴是按照每吨补贴额与平均单产来确定每公顷土地面积的补贴额，但不同地区、不同作物的单产标准并不相同，各地差别较大。同时，继续减少对粮食价格的支持，引进保险和农业合同等工具稳定价格波动幅度。

进入21世纪，欧盟共同农业政策伴随各成员国经济结构和农产品贸易环境的改变也不断更新和完善。2003年，欧盟进行费斯勒改革，并出台农业生态环境建设的最低标准，指导欧盟各成员国进行农业生态补贴。

农业补贴从此与环保措施相挂钩，价格支持开始向脱钩支付转移。

2004 年，WTO 多哈回合谈判对欧盟提出要求，承诺削减对国内农产品的支持力度，并尽快取消成员的农业出口补贴，由“黄箱”政策向“绿箱”政策倾斜。2005 年，欧盟根据 WTO 的要求，开始展开新一轮农业政策改革，主要措施包括：改变与粮食单产挂钩的直接补贴，向粮食间接补贴转变；加大对农业科技的推广力度，完善粮食服务体系；限制农产品出口补贴；加强生态环境保护；等等。2008 年内针对国际粮价上涨，欧盟决定暂停休耕一年以增加粮食产量，同时取消与粮食生产挂钩的直接补贴，全面考虑食品安全问题。2010 年以来，欧盟应对不断变化的国际环境，对国内粮食补贴政策加大调整力度，属于“黄箱”的市场价格支持大大减少，而属于“绿箱”的脱钩政策也日趋成熟。欧盟 2020 年之前的农业改革方向，主要以环境保护的方式将资金补贴给种粮农民。

10.1.3　日本的农业补贴政策

日本农业补贴政策的演变历程大体可以分为三个时期。

第一个时期是第二次世界大战后到日本加入 WTO 之前，即 20 世纪 50 年代到 1994 年。这一段时间日本的主要粮食补贴手段是价格支持，如对作为主要粮食的稻米实行双重米价制度，政策实施的主要目的是使粮食增产及后来的增加农民收入。这是由当时的历史背景决定的，日本第二次世界大战后经济萧条，粮食供不应求，为了解决粮食短缺危机，日本制定了一系列政策诸如加强对粮食流通渠道的控制、进行价格支持来促进粮食生产。之后十几年，日本的经济快速发展，城乡二元化矛盾显现，城乡居民收入差距开始增大，导致大量农民往城市涌入，农地抛荒，粮食减产。为了维护国家粮食安全，日本政府开始实施以保护农民利益，增加农民收入为目标的粮食补贴政策，诸如实施“生产成本和收入补偿方案”等。

第二个时期是日本加入 WTO 以后到日本出台《粮食·农业·农村基本法》，即 1995 年到 20 世纪末。这一段时间是日本对粮食补贴政策转型的探索期。日本加入 WTO 后，开始寻求《农业协议》允许的新的粮食保护手段，1999 年颁布《粮食·农业·农村基本法》，该法案决定将粮食补贴的重心由价格支持转向粮食直接补贴和支持农业基础设施建设，并于次年在山区半山区实施粮食直接补贴政策。

第三个时期是2000年以后，贸易自由化和关税削减压力在增大，而日本政府对其主要农产品尤其是大米和乳制品一直都是以高关税的手段在实施保护，关税上限限定意味着这些农产品将受到严重打击。如何在新环境下，对国内主要农产品进行保护，是日本农业补贴政策探索的新目标。2007年出台并开始实施“非特定品种经营稳定政策”。

日本的粮食补贴政策主要分为三大类：价格支持政策、粮食直接补贴政策和其他补贴政策。

价格支持政策包括流通管理和粮价补贴。对粮食的流通渠道进行管控主要用于第二次世界大战后，其模式主要为政府以低于市场的价格从农民手中强制收粮，再售卖给国民；粮价补贴则是日本在加入WTO之前的粮食补贴政策的核心，日本几乎对市面上所有农产品都实行了价格补贴，其运作方式就是根据往年价格制定标准价格，若当年农产品价格低于标准价格，则政府对差额部分进行一定的补贴。

粮食直接补贴政策包含的形式多种多样，包括“山区半山区直接补贴”“稻米收入保证措施”“骨干经营稳定措施”等。“山区半山区直接补贴”是效仿欧美国家，对山区半山区生产条件恶劣的农民进行粮食直接补贴；“稻米收入保证措施”是针对稻米的粮食直接补贴，由于日本是以大米为主要粮食的国家，因此对大米的生产尤为重视，该政策包括两个部分——固定补贴和差价补贴；“骨干经营稳定措施”则是日本鼓励农业规模化的一项措施，主要就是对生产规模较大的农民进行直接补贴，农民的资质评定有一系列相应的标准。

其他补贴政策包括保险补贴、生产资料购置补贴、基础设施建设补贴等。日本是一个岛国，灾害频发，所以日本政府除了注重农田基础设施建设、改善粮食生产环境外，对灾害发生时的处理也异常重视。每当出现大的自然灾害，日本政府都会对受损失农民进行补偿。

10.1.4 韩国的农业补贴政策

韩国的农业补贴政策主要包括：

（1）价格支持和直接支付。1968年，韩国开始对大米实施购销倒挂的价格补贴政策，补贴的价差来源于粮食管理基金。这种政策的长期使用使韩国财政负担加重，1993 年韩国粮食管理基金赤字 8.7 亿韩元，其中 88.5%是因为补贴大米种植户所导致的。1993 年，韩国政府对购销倒挂政策作出调整，实施“新农计划”，通过农业协会建立竞争性销售投标机制，按投标价格出售大米，由农协向生产农户支付收购价格和投标价之间的差价。1994 年，韩国废除了粮食管理基金，建立粮食库存基金对前述差价进行补贴，这标志着依靠政府和国内消费者共同补贴生产农户制度的开始。为了履行 WTO 对韩国降低 AMS 的要求，韩国政府对大米的补贴从 2000 年开始减少。2004 年韩国政府改革大米补贴政策，实施“稻田直接支持机制”，开始了由价格支持向对生产者直接支付的转变。2005 年，韩国废除实施了 20 多年的购销倒挂的价格补贴政策。

（2）农业生产资料的补贴。由于大量的农村劳动力随着城镇化和工业化转移至城市，韩国农村劳动力资源出现短缺。从 20 世纪 70 年代开始，韩国实施粮食增产计划，一是向农民提供购买机械的低息贷款，在解决劳动力缺乏问题的同时，提高机械化水平，促进农业生产效率提升。二是对化肥和农药进行补贴，农协从市场购买化肥和农药，低价出售给农民，差价由政府支付。此外，大力加强对农业基础设施的投入和建设，包括耕地的开垦、农田水利建设、耕地的重新规划等。随着农业生产安全意识的提高，韩国在 1993 年实施“病虫害综合防治”和“养分综合管理”计划，减少对化肥和农药的使用，从 1996 年开始，降低对化肥的补贴。1997 年颁布《环境友好型农业促进法案》，对执行政策的农民进行直接补贴。2005 年彻底取消对农药和化肥的补贴。

（3）农民的退休补贴。20 世纪 60 年代以来，韩国大量农村人口在城镇化和工业化的过程中向城市转移，农业人口的老龄化问题也越来越突出。为了加快土地流转，完善弱质农民的退出机制，引入和培养有活力的创新型农民，从 1997 年开始，韩国政府对农民退休实行直接支付补贴政策：超过 65 岁的农民如果将耕地出售或者出租给专业农民 5 年以上，可以获得直接补贴，并且补贴标准随着时间的推移而不断增加。为了鼓励规模化经营，培养核心农户，韩国政府还放宽了拥有土地数量的限制。

（4）限制粮食进口。韩国对粮食进口采取区别对待的态度，对国内主粮进行严格的进口限制，对国内自给率不高的其他粮食品种进行进口鼓励。大米一直是韩国的主粮，所以韩国对于大米的进口限制更是严格，坚持大米的基本自给。为了减少 WTO《农业协议》对国内大米市场的影响，韩国决定推迟 10 年（从 2005 年开始）执行大米关税化，但承诺执行以 1988—1990 年消费量的平均值为基数的市场进入配额（MA）。2004 年，韩国政府为了继续保护国内市场的大米生产，再次将大米关税化推迟到 2014 年执行。韩国《农业、农村发展基本计划》对其主要粮食作物的自给率设定了目标值，2015 年大米的目标值高达 98%，对进口大米数量、质量、流通及用途进行严格限制。此外，除了较高的关税外，韩国还实行了弹性关税制度，允许在一定的幅度内再征收附加关税。

（5）海外农业投资补贴。为了提高粮食的自给率，韩国鼓励有能力的企业走出去，到海外进行农业投资。20 世纪 70 年代，韩国开始到阿根廷买地屯田，2008 年先后提出“建立海外粮食基地”和“10 年海外农业开发战略计划”，2012 年《海外农业开发合作法》生效，为企业海外投资提供了法律保障。为鼓励海外农业投资，韩国设立了海外农业开发贷款基金，对海外投资企业提供低息长期贷款；设立海外农业开发服务中心，为海外投资企业提供专业化服务。为更好引导企业海外投资，韩国颁布了《海外农业投资指南》。为营造更好的海外投资国际环境，韩国努力加强与其他国家的合作，通过各种方式对发展中国家提供援助。

10.2 世界主要国家及地区农业补贴政策对我国粮食补贴政策的启示

10.2.1 明确粮食补贴政策目标

上述主要国家的农业补贴政策都有明确的政策目标，在不同时期侧重点有所不同。作为粮食生产大国和出口大国的美国，其农业补贴政策目标主要是提高农民收入、鼓励农产品出口，近年来更加重视保护环境和促进农村发展。作为粮食净出口地区的欧盟以前以粮食增产为目标，后来把环境保护和稳定农民收入作为主要目标。作为粮食净进口国的日本以前把粮食增产作为目标，后来则是粮食增产和农民增收并重，作为粮食净进口国的韩国则更加重视主粮自给。我国作为人口大国、粮食消费大国和粮食净进口大国，应该把粮食安全尤其是口粮安全作为粮食补贴政策的首要目标，兼顾其他目标。

10.2.2　逐步调整粮食补贴政策

从上述主要国家农业补贴政策的回顾中可以看出，随着国内外环境的明显变化，各国的农业补贴政策都在作相应的调整，如“黄箱”补贴的“绿箱”化就是各国农业补贴政策调整的共同趋势。环境的变化包括国际规则的谈判与变更、农产品产量过剩与短缺、价格的上涨与跌落、资源环境恶化与透支、生产主体的分化与行为变化、比较效益的提升与下降，甚至政治格局重组和世界气候变化都会影响农业补贴政策环境，一旦政策环境发生明显变化，农业补贴政策就要作相应的调整。美国出台了 17 部农业法案，每次出台法案都是应对环境变化而对农业补贴政策进行调整，其他国家也是这样。我国的粮食补贴政策的外部环境正在发生变化，粮食产业受到的外部冲击在加大，当这种冲击影响到农业补贴政策效能或偏离政策目标时，农业补贴政策就要逐步作出调整，要么调整政策目标和政策措施，要么调整政策作用对象，或者兼而有之。

10.2.3　适时完善农业补贴政策

在农业补贴政策执行过程中，政策的局部缺陷或者与环境的欠适应性就会逐渐暴露出来，这时要对补贴政策进行修改或补充完善，以提高政策效能。如美国《2003 年农业援助法案》就及时弥补了《2002 年农业法》的缺陷，日本的“骨干经营稳定措施”就考虑到农业规模经营问题，韩国的农民退休补贴则是应对农业生产主体的培育和可持续发展问题。我国的粮食补贴政策在实施中也面临一些问题，如粮食生产主体分化问题、粮食比较效益低下问题、农民老龄化问题、耕地数量和质量问题、资源环境问题、价格扭曲问题等，需要适时完善补贴政策以提高政策效能。

第 11 章　我国粮食补贴政策调整完善的原则与策略

本章依据前几章研究成果，提出我国粮食补贴政策调整完善的原则，并结合我国实际情况及国际经验提出我国粮食补贴政策调整完善的策略。

11.1　我国粮食补贴政策调整完善的原则

11.1.1　贯彻国家粮食安全战略

2013 年底，中央提出“以我为主、立足国内、确保产能、适度进口、科技支撑”的新的国家粮食安全战略，并强调要坚守“确保谷物基本自给、口粮绝对安全”的战略底线。这是粮食补贴政策调整必须坚持的首要原则，要始终把稳定提升粮食产能和保障谷物供给作为粮食补贴政策的首要目标。

11.1.2　切实保障粮食生产经营主体的利益

众多的粮食生产经营主体是粮食补贴政策的主要作用对象，只有切实保障他们的利益，调动他们的种粮积极性，粮食补贴政策的调整才可能进行，补贴政策效能才可能提升。

11.1.3　保持补贴政策的连续性和稳定性

我国是粮食生产大国和消费大国，粮食补贴政策调整事关众多粮食生产经营主体的切身利益和农业农村发展大局，关系到国家粮食安全，必须积极稳妥，保持政策的连续性和稳定性。

11.1.4　遵守并充分利用 WTO 规则

按照我国加入 WTO 的承诺，只能在特定农产品和非特定农产品的

“微量允许”范围内进行“黄箱”补贴。粮食补贴政策调整时要考虑把“黄箱”补贴用到“刀刃”上，增强粮食补贴政策的指向性、精准性和实效性，切实提高政策效能。此外，科学使用“绿箱”政策，酌情试用“蓝箱”政策。

11.1.5　适度弹性原则

设计的粮食补贴政策要具有一定的弹性，使补贴标准在正常时期维持正常水平，粮食紧张时能自动或便于提高补贴标准。

11.2　我国粮食补贴政策调整完善的策略

11.2.1　直接支付政策调整完善的策略

（1）针对小农户的“黄箱”直接支付适时调整为“绿箱”补贴。理论分析表明，自给自足的小农户对市场信息反应不敏感，直接支付政策对其生产行为影响不大。对自给自足的小农户而言，在收入水平较低的情况下，挂钩的粮食直接补贴能在一定程度上增加其粮食生产投入，从而在一定程度上增加粮食产出，但是随着农民收入的提高，这一政策效应在递减。实证分析表明，我国实施的针对众多小农户的粮食直接补贴政策和农资综合补贴政策的产量效应和收入效应都不明显。因此，建议针对小农户的挂钩的直接支付适时调整为不挂钩的收入支持，按农户承包地面积发放补贴，补贴标准随粮食形势的变化作适当调整，同时对其提出耕地保护、地力提升和环保方面的要求。这一方面能发挥小农户在稳定粮食生产及其他方面的作用，另一方面还能降低补贴政策的执行成本，也降低了“黄箱”补贴水平，扩大了“微量允许”的政策剩余空间。这项补贴按照现行的补贴政策框架，统一纳入农业支持保护补贴之中。

自 2015 年起，我国将农作物良种补贴、粮食直接补贴和农资综合补贴合并为农业支持保护补贴，用于耕地地力保护，这种调整完善是正确的决策。2004 年起，我国对大豆实行目标价格试点，但效果不明显：王文涛等（2015）分析表明，大豆目标价格政策目标价格的市场信号作用有限，大豆播种面积并未出现恢复性增长，农户的种植意愿呈现继续下降趋势，并且按面积补贴的方案间接引起了土地流转成本增加，大豆生产成本有上升压力。本研究也发现，实施目标价格政策的2014年和2015年，大豆播种面积仍保持下降的趋势。2017年国家调整东北三省和内蒙古大豆目标价格政策，改为实行市场化收购加补贴的机制，是合理的选择。

（2）直接支付的“黄箱”政策作用对象应指向新型粮食生产经营主体。

①设置新型粮食生产经营主体补贴。研究表明，我国的粮食生产经营主体正在发生分化，种粮大户等新型粮食生产经营主体的数量增加，耕地也在加速向这些新型主体集中。这些新型主体因投入多、利润最大化的意识强，从而对市场信息和政策信息的反应比较灵敏，对他们实行挂钩的直接补贴有利于调动其种粮积极性，从而提升补贴效能。因此，建议将直接支付的“黄箱”政策作用对象指向新型粮食生产经营主体，设置“新型粮食生产经营主体补贴”。为降低政策的执行成本，补贴最好与实际种植面积挂钩，建立电子档案，每年按实际种植面积和设定的补贴率进行补贴，同时对其作出单产、耕地保护和环保方面的要求。考虑到我国非特定农产品的“微量允许”还有较大的政策剩余空间（2018年剩余空间为8 452.48亿元），因此建议新型粮食生产经营主体补贴政策对粮食品种不作要求。

我国农业“三项补贴”改革增加种粮大户补贴，鼓励农民“多种粮、多受益”的调整方向是正确的，但补贴方式和补贴标准需进一步完善。

②筹划启动“口粮稳定计划”补贴。从“谷物基本自给、口粮绝对安全”的粮食安全战略底线考虑，鉴于稻谷和小麦在我国口粮消费中占87.03%（表11-1），建议粮食补贴政策针对稻谷和小麦增设“口粮稳定计划”补贴，符合条件的新型粮食生产经营主体可自愿申请加入此计划，每三年申请审批一次。审批通过后，对加入此计划的新型粮食生产经营主体设立电子账户，每年按其申请加入计划的耕地面积和单位面积补贴率予以比一般粮食生产经营主体更高的直接补贴。参加此计划的新型粮食生产经营主体不再享受新型粮食生产经营主体补贴，计划执行期间不定期抽查其粮食经营状况，并发挥广大人民群众的监督作用。申请者必须具备以下条件：一是申请者已实现适度规模经营；二是申请前三年持续种植水稻或小麦，且单产水平达到平均单产水平以上；三是农田水利状况较好，注重环

境保护；四是承诺每年生产稻谷或小麦。根据前文测度，2020 年我国谷物播种面积警戒线达到最高值（115 536 万亩，含玉米），按其 1/3 设定此计划的规模，约为 40 000 万亩，大约占 2015 年稻谷和小麦播种面积的 50%（2015 年稻谷和小麦的播种面积分别为 45 319.80 万亩和 36 211.95 万亩）。

表 11－1　我国稻谷和小麦在口粮消费中占比

单位：%

指　　标	2015 年	2016 年	2017 年	2018 年	2019 年	2020 年
口粮消费占粮食消费的比例	41.01	40.62	40.25	39.94	39.62	39.37
谷物口粮消费占口粮消费的比例	89.57	89.46	89.53	89.55	89.66	89.65
稻谷和小麦口粮消费占口粮消费的比例	86.95	86.85	86.91	86.93	87.05	87.03
稻谷消费占口粮消费的比例	55.92	55.82	55.82	55.80	55.84	55.80
小麦消费占口粮消费的比例	31.03	31.03	31.09	31.13	31.21	31.23

资料来源：根据中国农业科学院农业信息研究所农业监测预警研究组（2014）和农业部市场预警专家委员会（2016）的数据整理计算。

③继续实施并完善农机购置补贴。理论分析表明，农机购置补贴从三方面对粮食生产产生促进作用。其一，农机购置补贴推动了粮食生产投资，增加了粮食生产者的人均资本，从而增加了人均产出和人均收入；其二，农机购置补贴推动了粮食生产的适度规模经营，增加了规模效益；其三，农机购置补贴加速了农业科技的推广应用，从而增加了粮食产出。因而，政策效应比较明显。实证分析表明，我国农机购置补贴的产量效应和收入效应尤其是收入效应比其他直接补贴更为显著。因此，农机购置补贴要持续到我国的农业机械化水平已经达到相当高的水平时为止，建议近期的农机购置补贴向新型粮食生产经营主体倾斜，重点支持粮食生产的专用机械，一方面促进粮食生产的适度规模经营，另一方面也提升新型粮食生产经营主体生产粮食的路径依赖性，增加其“非粮化”的机会成本，以稳定其粮食生产行为。

11.2.2　价格支持政策调整完善的策略

（1）逐步淡出价格支持政策。理论分析表明：粮食最低收购价政策和临时收储政策对粮食价格上升和粮食产量增加均有促进作用，但是当最低收购价或临时收储价格高于市场价格时，市场价格被扭曲，不能再准确反映供求关系的变化，从而引导资源优化配置的功能部分丧失。当粮食国际市场价格尤其是进口价格高于最低收购价或临时收储价格时，负面效应很大，具体表现为进口增加、仓储成本增加、“黄箱”补贴水平上升，并会对下游生产产生非常不利的影响。实证分析证明了这一点，2012—2015年，我国的稻谷和小麦的最低收购政策及玉米和大豆的临时收储政策的弊端非常突出，已经严重影响我国粮食国际竞争力的提升。目前，大豆和玉米临时收储政策均已调整为“价补分离”政策，这种调整的方向是正确的。

从“谷物基本自给、口粮绝对安全”的粮食安全战略底线考虑，鉴于稻谷和小麦在我国口粮消费中的地位非常重要（表11-1），稻谷和小麦的最低收购价政策不能猛然退出，以免对口粮安全产生较大冲击。建议稻谷和小麦的最低收购价政策“相机调整，逐步淡出”。具体策略是，在国际粮食供求形势较好且国内粮食安全保障不紧张的情形下，逐渐调低稻谷和小麦的最低收购价格，逐步缩小国内外价差，当价差基本消失时，把最低收购价政策调整为其他补贴政策。此外，由于我国大米和小麦有关税配额保护，且国有企业控制的配额比重较大，因此，这种调整不会对我国稻谷和小麦生产产生较大冲击。

（2）筹划启动“产粮大县新型粮食生产经营主体粮食风险保障计划”补贴。研究分析表明，WTO《农业协议》限制扭曲生产的“黄箱”补贴，且美国等主要国家已经对扭曲市场价格的价格支持政策进行“黄箱”政策“绿箱”化的调整；要减少非粮种植对粮食产业的冲击，提高粮食补贴效能，粮食补贴就应当向粮食生产的优势区域集中。因此，建议借鉴美国农作物风险保障项目筹划启动产粮大县新型粮食生产经营主体粮食风险保障计划。符合条件的粮食新型主体申请加入此计划，每五年申请审批一次。基本条件是：①已经实现适度规模经营；②前五年都在生产粮食（不分品种）；③农田水利状况较好，注重环境保护。审批通过后，对加入该计划的新型粮食生产经营主体设立电子账户。当产粮大县的粮食实际销售收入低于基准收入的一定比例（美国规定为86%）时，按照下式对加入计划的新型粮食生产经营主体进行补贴：

$$F_{fmbc}=(I_{0amu}-I_{1amu})\times A_0\times\alpha \qquad (11-1)$$

式（11－1）中，F_{fmbc} 为产粮大县某个新型粮食生产经营主体粮食风险保障补贴；I_{0amu} 为该产粮大县平均每亩基准粮食销售收入，取前五年平均每亩粮食销售收入的奥林皮克平均数；I_{1amu} 为该产量大县平均每亩实际粮食销售收入；A_0 为新型粮食生产经营主体基期的粮食种植面积，取前五年粮食种植面积的奥林皮克平均数；α 为补贴的比例（美国为 65%）。

11.2.3　粮食补贴政策补贴总量控制与补贴标准调整策略

（1）粮食补贴政策补贴总量控制策略。上述建议的几种补贴政策中，新型粮食生产经营主体补贴、“口粮稳定计划”补贴和农机购置补贴属“黄箱”政策中非特定农产品补贴，总量不能超出非特定农产品“微量允许”上限（农业总产值的 8.5%，2018 年为 8 626.48 亿元），正常时期维持在 1 300 亿元以下（2014 年为 1 308.50 亿元），粮食紧张时调整补贴标准，加大补贴力度。

（2）粮食补贴政策补贴标准调整策略。从“谷物基本自给、口粮绝对安全”的粮食安全战略底线考虑，当谷物的自给率接近 85%，或者产量接近产量警戒线，或者播种面积接近播种面积警戒线时（表 11－2），新型粮食生产经营主体补贴的补贴率、“口粮稳定计划”补贴的补贴率，以及“产粮大县新型粮食生产经营主体粮食风险保障计划”补贴的补贴比例逐步提高，直到上述各项指标远高于上述各项警戒线为止。若上述指标跌破上述警戒线则要大幅度提高上述各项补贴率和补贴比例。

表 11－2　我国谷物产量和播种面积警戒线与底线

年份	产量警戒线（万吨）	播种面积警戒线（万亩）	产量底线（万吨）	播种面积底线（万亩）
2015	44 608	109 900	31 488	77 576
2016	46 407	113 200	32 758	79 906
2017	47 456	114 611	33 498	80 902
2018	48 219	115 302	34 037	81 390
2019	48 709	115 320	34 383	81 402
2020	49 288	115 536	34 792	81 555

（续）

年份	产量警戒线（万吨）	播种面积警戒线（万亩）	产量底线（万吨）	播种面积底线（万亩）
2021	49 566	115 037	34 988	81 202
2022	49 877	114 613	35 207	80 903
2023	50 065	113 905	35 340	80 403
2024	50 321	113 355	35 521	80 015
2025	50 538	112 717	35 674	79 565

资料来源：根据农业部市场预警专家委员会（2016）发布的《中国农业展望报告（2016—2025）》的数据资料整理。

在上述各项补贴率和补贴比例提高时，面向小农户的农业支持保护补贴的比例也要相应提高，以体现公平、公正，做到切实保护小农户的切身利益。

11.2.4 其他策略

其一，增加粮食的二级刚性需求和三级刚性需求，通过扩大刚性较弱的粮食需求以促进粮食供给的提升。该策略包括适度扩大畜禽养殖规模，推动农牧结合及现代生态农业产业化发展，扩大乙醇等生物能源生产能力，等等。

其二，推动粮食产业的一、二、三产业融合，加快粮食产业化联盟建设，提升粮食种植的比较效益。

其三，坚持18亿亩耕地红线不动摇，切实保护基本农田和加强高标准农田建设，真正做到藏粮于地；强化粮食科技创新、推广和应用，加快培养职业农民，真正做到藏粮于技。

其四，相关部门要强化对人民币汇率的科学管理。目前，我国实施的是有管理的浮动汇率制度，相关部门要从国家整体利益（包括保障国家粮食安全）出发，对人民币汇率实行更加科学的管理。

第 12 章　研究结论与展望

本章对本研究的主要结论进行总结，并提出下一步研究的方向。

12.1　主要研究结论

2004 年以来，我国先后实施了一系列属于“黄箱”范畴的粮食补贴政策，包括粮食直接补贴、粮食作物的良种补贴、农资综合补贴、农机购置补贴、玉米和大豆生产者直接补贴等直接支付政策，以及稻谷和小麦的最低收购价政策、玉米和大豆的临时收储政策等价格支持政策。为明确我国粮食补贴政策效应，提出未来政策调整的策略，笔者进行了较为系统的研究，得出如下主要结论：

（1）对“黄箱”支持水平及“微量允许”的测度发现，2004—2014 年我国特定农产品“黄箱”支持水平总体上呈上升趋势，稻谷、小麦、玉米和大豆的“黄箱”支持水平分别由 2004 年的 19.90 亿元、1.00 亿元、1.00 亿元、1.00 亿元上升到 2014 年的 176.17 亿元、204.78 亿元、109.43 亿元和 5.10 亿元，特定农产品“微量允许”的政策剩余空间总体上呈现下降趋势，2014 年小麦“黄箱”支持水平已经逼近“微量允许”水平，仅有 58.28 亿元的政策剩余空间。2015 年以后特定农产品“黄箱”支持水平总体呈下降趋势，2018 年稻谷和小麦的“黄箱”支持水平分别为 0.27 亿元和 108.40 亿元；特定农产品“微量允许”的政策剩余空间总体呈现上升趋势，2018 年稻谷、小麦、玉米和大豆“微量允许”的政策剩余空间分别为 466.44 亿元、142.26 亿元、385.83 亿元和 49.71 亿元。随着我国农业总产值的逐年增加，非特定农产品“微量允许”水平也随之不断提高，由 2004 年的 2 773.84 亿元提高到 2018 年的 8 626.48 亿元。非特定农产品“微量允许”的政策剩余空间呈上升趋势，2018 年为

8 452.48 亿元，“黄箱”支持水平仅占农业总产值的 0.17%，约占“微量允许”水平的 2%，政策剩余空间充裕。

（2）理论分析表明，粮食最低收购价政策和临时收储政策对粮食价格上升和粮食产量增加均有促进作用，但是当最低收购价或临时收储价格高于市场价格时，市场价格被扭曲，不能再准确反映供求关系的变化，从而引导资源优化配置的功能部分丧失。当粮食国际市场价格尤其是进口价格高于最低收购价或临时收储价格时，负面效应很大，具体表现为进口增加、仓储成本增加、“黄箱”补贴水平上升，并对下游生产产生非常不利的影响。实证分析证明了这一结论。理论分析表明，不与粮食生产挂钩的粮食直接补贴对粮食产量的促进作用微乎其微，但在政策调整时可以作为过渡的政策措施。与粮食生产挂钩的粮食直接补贴对粮食生产有一定的促进作用，对自给自足的粮农而言在收入水平较低时能在一定程度上增加粮食产出，但是，随着农民收入的提高这一政策效应会递减；不与良种使用挂钩的良种补贴的政策效应与不挂钩的粮食直接补贴的效应相似，与良种使用挂钩的良种补贴的效应则比较明显；农资综合补贴的效应与良种补贴相似，但效应要弱得多；目标价格补贴对粮食产量有促进作用，对粮食价格有抑制作用，与最低收购价政策和临时收储政策相比较，目标价格补贴政策对市场价格的扭曲程度较小；农机购置补贴的效应比较明显。

（3）实证分析表明，粮食作物的良种补贴政策与粮食产量的关联度最强，其次是农机购置补贴政策，再次是农资综合补贴政策，粮食直接补贴政策与粮食产量的关联度最弱。农机购置补贴政策与农民人均纯收入的关联度最强，其他依次是农资综合补贴政策、粮食作物良种补贴政策和粮食直接补贴政策。总体来看，粮食补贴政策与粮食产量及农民人均纯收入之间存在较强的正相关关系，农户对粮食补贴政策比较满意。实证分析表明 2008 年以后实施的玉米补贴政策影响玉米价格，临时收储政策驱动玉米销售价格背离市场价格，而“价补分离”政策则推动玉米销售价格向市场价格回归。其政策含义在于：从充分发挥市场机制作用的角度而言，“价补分离”政策对市场价格扭曲较小，是适宜的补贴政策。

（4）实证分析表明，我国粮食主产区的粮食生产经营主体正在发生分化：非粮户呈现急剧上升的趋势；自粮户呈现小幅下降的趋势，但仍然是粮食生产的主要力量；小规模农户呈现较大幅度下降的趋势；种粮大户呈现快速上升的趋势，占比虽然不高，但其粮食产量占全国粮食总产量的12%以上；种粮大户正在进一步分化为新型粮食生产经营组织，户主文化程度、家庭参与农业生产的劳动力、转入耕地面积、转入耕地约定期限、拥有的农业机械数量等是大户成立新型粮食生产经营组织的重要影响因素。自粮户对市场及政策信息反应不灵敏，是稳定粮食生产的中坚力量；新型粮食生产经营主体对市场信息及政策信息反应灵敏，是商品粮供给的重要力量，是未来粮食补贴政策的重要作用对象。

（5）对粮食自给率的测度发现，2010 年以来我国粮食自给率均处在90%以上水平，其中 2015 年为 92%左右，谷物的自给率为 111.56%，粮食安全保障水平较高。2015—2025 年，我国粮食总消费量年均增长率约为 0.97%，口粮年均增长率为 0.25%。2025 年，饲料用粮和工业用粮年均增长率分别为 1.55% 和 1.70%。粮食消费结构是：口粮消费占41.01%，饲料消费占 28.83%，工业消费占 24.56%，其他消费占5.59%。口粮构成情况是：三大谷物占 90%（其中稻谷和小麦占 87%），大豆占 4%，其他粮食占 6%。饲料用粮中，谷物占 68%，其中玉米占饲料用粮的一半以上。工业用粮中谷物占 51%，大豆占 40%。未来种子用粮量将略有下降，用粮结构变化不大。

（6）本研究提出粮食刚性需求理论和粮食安全的警戒线理论。根据刚性程度不同，粮食需求刚性可分为一级刚性、二级刚性和三级刚性，据此可以测度粮食自给率的底线和警戒线、粮食产量的底线和警戒线，以及粮食播种面积的底线和警戒线。测算发现，2018 年我国谷物自给率的底线和警戒线分别为 42.92% 和 91.11%；2020 年我国谷物产量警戒线为49 288 万吨，播种面积警戒线为 115 536 万亩，产量底线为 34 792 万吨，播种面积底线为 81 555 万亩；2025 年我国谷物产量警戒线为 50 538 万吨，播种面积警戒线为 112 717 万亩，产量底线为 35 674 万吨，播种面积底线为 79 565 万亩。

（7）实证分析发现，耕地加速流转、粮经种植效益失衡、工业化和城镇化发展、汇率变动与国际粮价变动等环境变化均对我国粮食产业产生冲击，进而影响到粮食补贴政策效能。如何应对这些冲击是补贴政策调整完善必须考虑的问题。

（8）主要国家的粮食补贴政策调整对我国的启示是，要明确粮食补贴政策目标，把粮食安全尤其是口粮安全作为粮食补贴政策的首要目标，兼顾其他目标；要根据环境的变化逐步调整粮食补贴政策，要针对政策的局部缺陷适时调整完善粮食补贴政策，以提高政策效能。

（9）我国粮食补贴政策调整完善的策略是：针对小农户直接支付的“黄箱”政策应调整为“绿箱”补贴，直接支付的“黄箱”政策作用对象应指向新型粮食生产经营主体，设置新型粮食生产经营主体补贴、筹划启动“口粮稳定计划”补贴、继续实施并完善农机购置补贴、逐步淡出价格支持政策，筹划启动“产粮大县新型粮食生产经营主体粮食风险保障计划”补贴。粮食补贴政策补贴总量要控制在“微量允许”水平以内，补贴标准的调整根据距离谷物自给警戒线的远近而定。

12.2 下一步的研究方向

由于时间数列较短，虽然进行无数次尝试，但未能就各种粮食补贴对粮食产量和粮农收入的精确影响进行实证研究；由于数据缺失，未对我国大豆“价补分离”政策效果进行实证分析，对2010年以后的粮食生产经营主体分化也未作深入研究。这将成为笔者下一步的研究方向。

参　考　文　献

安徽省发展计划委员会，2003. 扩大粮食补贴方式改革［J］. 宏观经济管理（10）：40－42.

安彦林，2018. 财政分权对政府公共文化服务供给水平与区域差异的影响研究［D］. 济南：山东大学．

保罗·克鲁格曼，茅瑞斯·奥伯斯法尔德，1998. 国际经济学［M］. 中译本．北京：中国人民大学出版社．

财政部农业司，2001. 世界贸易组织与《农业协议》简介［J］. 农村财政与财务（11）：45－48.

陈红敏，2012. 欧盟粮食补贴政策及其对中国启示的研究［D］. 上海：华东政法大学．

陈会玲，李宁，何敢，2019. 最低收购价政策的粮食安全效应——基于湖北省样本地区数据的分析［J］. 农村经济（9）：17－24.

陈薇，2006. 粮食直接补贴政策的效果评价与改革探讨——对河北省粮食直补试点县的个案分析［J］. 农业经济（8）：12－14.

陈锡文，2016. 价补分离，市场定价［J］. 农经（3）：36－37.

陈锡文，2016. 粮食政策改革要保护农民利益［N］. 中国县域经济报，03－31（2）.

陈锡文，程国强，2003. 美国新农业法对中国农业的影响和建议［J］. WTO 经济导刊（2）：12－16.

谌琴，2019. 新时代我国粮食供需形势及面临的新挑战［J］. 中国发展观察（7）：35－37.

程国强，2000. WTO 农业规则与中国农业发展［M］. 北京：中国经济出版社．

程国强，2002. 中国农业面对的国际农业补贴环境［J］. 经济研究参考（29）：24－31.

程国强，2016. 我国粮价改革的逻辑与思路［J］. 农业经济问题（2）：4－9.

崔宏凯，魏晓，2018. 民间投资、产业结构与经济增长——基于我国省级动态面板数据的实证分析［J］. 经济问题（1）：15－19.

崔奇峰，蒋和平，周宁，2013. 河南省固始县农资综合补贴政策实施现状及效果调查分析［J］. 农业经济（3）：24－26.

崔亚平，2011. 中国工业化、城镇化与粮食安全［J］. 农业经济（3）：20－21.

丁建国，穆月英，钱加荣，2020. 目标价格政策下新疆棉花供给反应研究［J］. 中国农业大学学报，25（8）：184-193.

杜金向，董乃全，2013. 农村正规金融、非正规金融与农户收入增长效应的地区性差异实证研究——基于农村固定点调查 1986—2009 年微观面板数据的分析［J］. 管理评论（3）：20-28.

费文俊，王秀东，2015. 美国 2014 年农业法案调整对我国粮食补贴政策的启示［J］. 中国食物与营养，21（5）：18-21.

冯海发，2015. 农业补贴制度改革的思路和措施［J］. 农业经济问题，36（3）：8-10.

高璐，2018. 玉米收储政策改革对吉林省农户影响研究［D］. 长春：吉林农业大学.

高升，邓峰，2019. 目标价格政策对我国棉花生产效率影响评价研究——基于 DEA-Malmquist 指数模型和变系数模型［J］. 价格理论与实践（9）：54-57.

顾和军，2007. 农民角色分化与农业补贴政策的收入分配效应［D］. 南京：南京农业大学.

顾莉丽，郭庆海，2017. 玉米收储政策改革及其效应分析［J］. 农业经济问题（7）：72-79.

郭春丽，赵国杰，2010. 从制度经济学视角评价我国粮食直补政策的绩效［J］. 中国农机化（4）：90-93.

郭建军，2001. 美国、欧盟和日本农业政策的调整与 WTO 谈判［J］. 经济研究参考（72）：45-48.

郭玮，2002. 美国、欧盟和日本农业补贴政策的调整与启示［J］. 经济研究参考（56）：29-31.

韩剑锋，魏宇慧，2010. 我国农机购置补贴政策增收效应实证分析［J］. 西安电子科技大学学报（社会科学版），20（5）：85-90.

何忠伟，蒋和平，2003. 我国农业补贴政策的演变与走向［J］. 中国软科学（10）：8-13.

贺超飞，于冷，2018. 临时收储政策改为目标价格制度促进大豆扩种了么？——基于双重差分方法的分析［J］. 中国农村经济（9）：29-46.

贺伟，2010. 我国粮食最低收购价政策的现状、问题及完善对策［J］. 宏观经济研究（10）：32-36.

洪自同，郑金贵，2012. 农业机械购置补贴政策对农户粮食生产行为的影响——基于福建的实证分析［J］. 农业技术经济（11）：41-48.

胡迪，杨向阳，王舒娟，2019. 大豆目标价格补贴政策对农户生产行为的影响［J］. 农业技术经济（3）：16-24.

胡靖，2003. 入世与中国渐近式粮食安全［M］. 北京：中国社会科学出版社.

胡小平，郭晓慧，2010. 2020年中国粮食需求结构分析及预测——基于营养标准的视角[J]. 中国农村经济（6）：4-15.

胡越，2014. 发达国家农业国内支持政策的调整及其效应分析［D］. 南京：南京农业大学.

黄季焜，王晓兵，智华勇，等，2011. 粮食直补和农资综合补贴对农业生产的影响［J］. 农业技术经济（1）：4-12.

黄思思，2017. 农业补贴政策的演进历程、存在问题及优化建议［J］. 财政监督（17）：88-92.

姜长云，李显戈，董欢，2014. 关于我国粮食安全与粮食政策问题的思考——基于谷物自给率与日、韩相关经验的借鉴［J］. 宏观经济研究（3）：3-10.

蒋黎，2013. 我国农业产业化龙头企业发展现状及对策建议［J］. 农业经济与管理（6）：5-11.

柯炳生，2001. WTO农业协议中的国内支持规定解读［J］. 中国农村经济研究（15）：1-12.

柯炳生，2005. 欧美农业补贴政策［J］. 中国科技成果（5）：46-47.

孔涛，Jonathan Unger，刘鹏凌，2014. 农村承包地调整的实证研究——通过村民小组数据的分析［J］. 农业经济问题，35（11）：87-97，111-112.

兰录平，2013. 我国粮食最低收购价政策的效应和问题及完善建议［J］. 农业现代化研究（5）：513-517.

蓝海涛，2002. 国际农业贸易制度解读政策应用［M］. 北京：中国海关出版社.

蓝海涛，2004. 美国《2003年农业援助法案》及农业补贴新动态［J］. 农业经济问题（2）：76-77.

冷博峰，郭军，王雅鹏，2011. 我国良种补贴政策发展现状探析［J］. 经济纵横（1）：60-62.

李炳军，杨卫明，2019. 基于灰色区间预测和GM（1，N）模型的我国粮食供需结构平衡分析［J］. 江苏农业科学，47（18）：325-329.

李波，2016. 我国粮食最低收购价政策效果与评价研究［J］. 价格理论与实践（11）：70-73.

李谷成，李芳，冯中朝，2014. 良种补贴政策实施效果的分析与评价［J］. 中国农业大学学报（4）：206-217.

李国祥，2014. 论我国粮食安全风险及其管控［J］. 当代经济管理（5）：38-40.

李国祥，2017. 深化我国粮食政策性收储制度改革的思考［J］. 中州学刊（7）：31-37.

李林茂，余耀明，2011. 关于粮食目标价格的思考［J］. 价格月刊（4）：1-3.

李平，2002. 美国农业补贴政策及其力度［J］. 中国农村经济（6）：75-80.

李乾，李玲，刘鹏凌，2014. 乡土文化传承视域下新型城镇化建设的思考 [J]. 安徽农业科学，42 (24)：8452 - 8454.

李珊珊，2019. 中国粮食供需缺口影响因素研究——基于灰色关联分析模型的深度测算 [J]. 市场周刊 (9)：22 - 24.

李先德，宗义湘，2012. 农业补贴政策的国际比较 [M]. 北京：中国农业科学技术出版社.

李岳云，2004. WTO 新一轮农业谈判与中国 [J]. 南京财经大学学报 (3)：1 - 5.

刘超，朱满德，2015. 我国粮食价格支持政策效应的溢出及其影响研究 [J]. 广东农业科学 (11)：173 - 179.

刘翠翠，2013. 我国与发达国家粮食补贴政策比较研究 [D]. 洛阳：河南科技大学.

刘宁，2010. 我国农机购置补贴对粮食生产成本收益影响分析 [J]. 价格理论与实践 (3)：49 - 50.

刘鹏凌，2005. 主要农业补贴政策及其效果研究 [D]. 合肥：安徽农业大学.

刘鹏凌，程杰，2006. WTO 环境下一般农业服务政策的效果分析 [J]. 安徽农业大学学报（社会科学版）(1)：14 - 17.

刘鹏凌，李靖，栾敬东，2005. 农民对农地制度改革的认知——基于安徽省农户调查资料分析 [J]. 中国农村经济 (7)：44 - 50.

刘鹏凌，李乾，2015. 农产品目标价格定价方法分析及思考 [J]. 中国物价 (1)：44 - 45，59.

刘鹏凌，李乾，2016. 耕地加速流转存在的问题探析 [J]. 宏观经济管理 (2)：41 - 42，46.

刘鹏凌，李乾，栾敬东，2015. 粮食补贴政策对粮食产量的影响——基于改进的灰色关联度分析 [J]. 农业经济与管理 (1)：40 - 45.

刘鹏凌，李乾，栾敬东，等，2015. 种植大户成立新型农业经营组织的动因分析——基于安徽省桐城市的调研 [J]. 农业技术经济 (12)：52 - 59.

刘鹏凌，栾敬东，2004. 安徽省粮食补贴方式改革效果的调查与分析 [J]. 农业经济问题 (9)：15 - 19.

刘鹏凌，栾敬东，2005. 农业补贴政策成效的实证分析 [J]. 安徽农学通报 (S1)：4 - 5.

刘鹏凌，栾敬东，2006. 安徽省农业补贴政策实施中存在问题及对策 [J]. 安徽农学通报 (1)：8 - 9.

卢锋，1998. 我国是否应当实行农业保护政策 [J]. 中国经贸导刊 (19)：3 - 5.

卢锋，2012. 中国农民工工资走势：1979—2010 [J]. 中国社会科学 (7)：47 - 67.

陆雪琴，2018. 中国劳动收入份额下降之谜：市场力量和制度成因 [D]. 杭州：浙江大学.

马晓春，李先德，2010. 韩国粮食补贴政策的演变及启示 [J]. 世界农业 (1)：31-34.

马晓河，蓝海涛，2008. 我国粮食综合生产能力和粮食安全的突出问题及政策建议 [J]. 改革 (9)：37-50.

农业部课题组，2013. 粮食经营主体变化及其对粮食安全的影响 [J]. 农产品市场周刊 (28)：22-25.

潘盛洲，1999. 中国农业保护问题研究 [M]. 北京：中国农业出版社.

彭建霞，2014. 粮食最低收购价格的困境分析——以湖南稻谷价格为例 [J]. 中国统计 (2)：53-55.

钱克明，2003. 中国“绿箱政策”的支持支持结构与效率 [J]. 农业经济问题 (1)：41-45.

阮荣平，刘爽，郑风田，2020. 新一轮收储制度改革导致玉米减产了吗：基于 DID 模型的分析 [J]. 中国农村经济 (1)：86-107.

宋海英，周应恒，2004. 美国实行直接定额补贴政策的经济学分析 [J]. 中国农村经济 (2)：72-77.

宋洪远等，2000. 改革以来中国农业和农村经济政策的演变 [M]. 北京：中国经济出版社.

宋小青，欧阳竹，2012. 1999—2007 年中国粮食安全的关键影响因素 [J]. 地理学报 (6)：793-803.

宋雨河，武拉平，2017. 农户粮食种植决策影响因素研究——基于河北省农村固定观察点数据 [J]. 中国农业资源与区划，38 (1)：12-16，88.

隋丽莉，郭庆海，2018. “价补分离”政策对玉米种植结构调整效应研究——基于吉林省调研数据的分析 [J]. 价格理论与实践 (12)：95-98.

田国强，2014. 粮食生产经营主体变化对粮食安全的影响和应对 [J]. 农要工作通讯 (23)：50-51.

汪希成，秦彦腾，2016. 农产品目标价格补贴制度研究的理论困境——基于农产品目标价格补贴制度研究进展 [J]. 农村经济 (2)：14-19.

王锋，2017. 农业三项补贴历史回顾、效率评价与农业支持保护补贴的改进 [J]. 地方财政研究 (7)：19-25.

王钢，石奇，钱龙，2019. 最低收购和价格补贴政策能提升农户福利效应吗？——基于小麦主产区 5 省份 1996—2016 年面板数据的测算 [J]. 农业经济问题 (10)：63-73.

王国华，2015. 日本粮食直接补贴政策演进分析 [J]. 粮食科技与经济 (4)：20-23.

王姣，肖海峰，2007. 我国良种补贴、农机补贴和减免农业税政策效果分析 [J]. 农业经济问题 (2)：24-28.

王文涛，张秋龙，聂挺，2015. 大豆目标价格补贴试点政策评价及完善措施 [J]. 观察思考（7）：8-30.

王向阳，2014. 我国农产品差价补贴试点政策评析［J］. 经济研究参考（12）：5-9.

王月荣，张秀珍，2014. 美国 2014 年新农业法案的特点、影响及其启示［J］. 世界农业（7）：67-99.

魏茂青，2013. 福建省农资综合补贴政策实施效果研究［D］. 福州：福建农林大学.

伍世安，2012. 论中国粮食目标价格的目标及测算：以玉米为例［J］. 江西财经大学学报（1）：18-27.

向晶，钟甫宁，2013. 人口结构变动对未来粮食需求的影响：2010—2050［J］. 中国人口·资源与环境（6）：117-121.

肖国安，2005. 粮食直接补贴的经济学解析［J］. 中国农村经济（3）：12-17.

辛良杰，王佳月，王立新，2015. 基于居民膳食结构演变的中国粮食需求量研究［J］. 资源科学（7）：1347-1356.

徐雪高，沈贵银，2013. 我国大豆目标价格补贴研究［J］. 价格理论与实践（3）：35-36.

徐元明，2008. 发达国家粮食补贴政策及其对我国的启示［J］. 世界经济与政治论坛（6）：112-116.

徐志刚，2010. 2008—2009 年度国家玉米临时收储政策实施状况分析［J］. 农业经济问题（3）：16-23.

许颖，张领先，2009. 韩国农业国内支持水平与政策结构［J］. 世界农业（2）：20-22.

颜玄洲，欧一智，姬钰，2011. 江西农机具购置补贴政策实施效果分析［J］. 中国农机化（5）：28-31.

羊文辉，2002. 投入品补贴政策调整对农业生产和农民收入的影响分析［D］. 南京：南京农业大学.

杨红旗，汪秀锋，孙福海，等，2009. 我国农作物良种补贴的实践与思考［J］. 中国种业（10）：11-13.

杨秀琴，2007. 粮食直补政策缺陷与改革思路［J］. 农村经济（1）：92-95.

叶剑锋，2003. 粮食直补得民心［R］. 安徽农村调查（3）：23-24.

叶静怡，2000. 欧盟 90 年代共同农业政策改革的理论与实践——从价格干预到直接收入补贴的初步转变［J］. 经济科学（5）：111-121.

叶亲忠，任红妍，程国强，2000. 实施符合规则的调整——WTO 农业国内支持规则及其执行情况评价［J］. 国际贸易（2）：19-23.

易小兰，颜琰，张婷，2020. 农业支持保护补贴对粮食生产的影响——基于 6 省 326 份农户样本的分析［J］. 山西农业大学学报（社会科学版），19（3）：84-91.

尹成杰，2005. 关于提高粮食综合生产能力的思考［J］. 农业经济（1）：5-9.

于军华，2010. 欧盟农业补贴政策的改革及对中国的借鉴［D］. 大连：东北财经大学.

于雅雯，余国新，魏敬周，2019. 供给侧改革背景下新疆棉花生产布局空间变化及影响因素分析［J］. 干旱区资源与环境，33（5）：74－80.

余志刚，张靓，2018. 农户种植结构调整意愿与行为差异——基于黑龙江省341个玉米种植农户的调查［J］. 南京农业大学学报（社会科学版），18（4）：137－145.

臧文如，傅新红，熊德平，2010. 财政直接补贴政策对粮食数量安全的效果评价［J］. 农业技术经济（12）：84－93.

张桂林，宋宝辉，Michael Reed，2003. 美国联邦联邦政府农业补贴政策（上）［J］. 世界农业（11）：27－29.

张莉琴，2001. 我国农业政策对农产品的有效保护效果分析［D］. 北京：中国农业大学.

张宁，陆文聪，董宏记，等，2006. 干旱地区农村小型水利工程参与式管理的农户行为分析［J］. 中国农村水利水电（11）：22－24.

张文宝，冀名峰，1997. 美国农业政策的新变化［J］. 农村经济文稿（2）：41－45.

赵昕，2013. 粮食直补政策与农民增收问题研究［J］. 财政研究（5）：51－54.

赵轶阳，2015. 中国玉米临时收储政策研究［J］. 农业经济展望（11）：22－16.

郑秀满，1997. 美国农业政策的一次变革［N］. 农民日报，03－26.

钟甫宁，2015. 农业政策学［M］. 北京：中国农业出版社.

钟甫宁，向晶，2012. 城镇化对粮食需求的影响——基于热量消费视角的分析［J］. 农业技术经济（1）：4－10.

周静，曾福生，2019. 稻作大户生产投入行为及其空间分布特征——基于湖南省6县419户稻作大户的数据［J/OL］. 08－05，http：//kns. cnki. net/kcms/detail/43. 1126. K. 20190805. 1509. 022. html.

周圣钧，田佳琦，王路加，2017. 我国玉米价格补贴政策改革实施效果研究［J］. 价格理论与实践（7）：69－71.

周振亚，罗其友，刘洋，等，2017. 中国农业供给侧结构性改革探讨［J］. 中国农业资源与区划，38（12）：21－25.

周洲，石奇，2018. 托市政策下我国粮食价格波动成因分析［J］. 华南农业大学学报（社会科学版）（1）：27－36.

朱满德，程国强，2011. 多哈回合农业谈判：进展与关键问题［J］. 国际贸易（6）：42－47.

朱满德，程国强，2015. 中国农业的黄箱政策支持水平评估：源于WTO规则一致性［J］. 改革（5）：58－66.

朱志刚，胡静林，李志红，等，2006. 关于调整完善粮食最低收购价政策的调研报告［EB/OL］. http：//www. mof. gov. cn/pub/jinjijianshesi/zhengwuxinxi/diaochay－anjiu/200806/t20080620_47361. html.

庄配芬，1999. 世界贸易组织《农业协议》与中国农业保护［J］. 福建农业大学学报（2）：11－15.

ABMAN R，CARNEY C，2020. Agricultural productivity and deforestation：evidence from input subsidies and ethnic favoritism in Malawi［J］. Journal of environmental economics and management，103：102342.

ANONYMOUS，2013. India cuts phosphate and potash subsidies［J］. Chemical week，175（14）：8.

BECKER A D，JUDGE R P，2014. Evidence of distortionary effects of decoupled payments in US Indica Rice Production［J］. Atlantic economic journal，42（3）：265－275.

CONG R G，BRADY M，2012. How to design a targeted agricultural subsidy system：efficiency or equity?［J］. Plos one，7（8）：e41225.

EL－OSTA H S，AHEARN M C，MISHRA A K，2003. Implications of "decoupled" payments of farm and off－farm labor allocation：agricultural policy reform and the WTO：where are we heading?［R］. Capri：the international conference.

EPPEL J，1999. Sustainable development and environment：a renewed effort in the OECD［J］. Environment development & sustainability，1（1）：41－53.

ESMAEILI A，KARAMI A，NAJAFI B，2013. Welfare effects of alternative targeted food subsidy programs in Iran［J］. Food security，5（3）：451－456.

FRANCK C，GRANDI S M，EISENBERG M J，2013. Agricultural subsidies and the american obesity epidemic［J］. American journal of preventive medicine，45（3）：327－333.

GALANOPOULOS K，ABAS Z，LAGA V，et al.，2011. The technical efficiency of transhumance sheep and goat farms and the effect of EU subsidies：do small farms benefit more than large farms?［J］. Small ruminant research，100（1）：1－7.

GARY，ADAMS，PATRICK，et al.，2001. Do "decoupled" payments affect US Crop Area? Preliminary evidence from 1997—2000［J］. American journal of agricultural economics，83（5）：1190－1195.

GOTTSCHALK T K，DIEKOTTER T，EKSCHMITT K，et al.，2007. Impact of agricultural subsidies on biodiversity at the landscape level［J］. Landscape ecology，22（5）：643－656.

HAGSTROM J，2013. Lawmakers need to show strong leadership to move forward with farm bill［J］. National journal，6.

JACKSON W，2002. Poverty and agricultural policies：we ain't winnin' because the old dominant idea has a way of reasserting itself［J］. Population and environment，24（1）：

55－67.

JAYNE T S，RASHID S，2013. Input subsidy programs in sub－Saharan Africa：a synthesis of recent evidence [J]. Agricultural economics，44 (6)：547－562.

JOHANNESSEN A，2004. Summary and conclusions from the SIWI Seminar for Young Water Professionals Drainage basin security—implications of virtual water trade and agricultural subsidies at regional，national and local levels [J]. Water science and technology，49 (7)：215－218.

LORA B，2013. Farm bill's demise highlights divide between urban and rural America [J]. National hog farmer expert blog，5.

MARTIN N，2014. Does the decoupling reform affect agricultural employment in Sweden? Evidence from an exogenous change [J]. Journal of agricultural economics，65 (3)：616－636.

MCCARL B A，CALLAWAY J M，1996. The economic consequences of substituting carbon payments for crop subsidies in US agriculture [J]. Environmental & resource economics，7 (1)：15－43.

PANDIT M，PAUDEL K P，MISHRA A K，2013. Do agricultural subsidies affect the labor allocation decision? Comparing parametric and semiparametric methods [J]. Journal of agricultural and resource economics (1)：1－18.

PATRICK M，2009. Food security，agricultural subsidies，energy，and the environment：aprocess of glocalization in Srilanka [J]. Energy & environment，12 (1)：55－71.

RAINA R S，SANGAR S，2002. Water quality，agricultural policy and science [J]. Knowledge technology & policy，14 (4)：109－125.

RASHID S，DOROSH P A，MALEK M，et al.，2013. Modern input promotion in sub－Saharan Africa：insights from Asian green revolution [J]. Agricultural economics，44 (6)：705－721.

RIGOBERTO A，LOPEZ，2001. Campaign contributions and agricultural subsidies [J]. Economics & politics，13 (3)：257－279.

SEAN R，2012. Liberating farming from the CAP [J]. Economic affairs，32 (3)：85－93.

SHEARER，SCOTT P，2015. WTO agreement to end export subsidies for agriculture [J]. National hog farmer，4.

TRACI B，2016. Agricultural subsidies and farm consolidation [J]. American journal of economics and sociology，75 (3)：623－648.

TRINUGROHO S I，RIANI A L，2011. The efficiency of public service obligation for food subsidy in Indonesia: review of cost structure analysis [J]. Perspectives of innovations, economics and business, 7 (1): 45.

VITALIS V, 2007. Agricultural subsidy reform and its implications for sustainable development: the New Zealand experience [J]. Journal of integrative environmental sciences, 4 (1): 21-40.

VRANKEN L, SWINNEN J, HERCK K V, 2013. Capitalization of direct payments in land rents: evidence from New EU Member States [J]. Eurasian geography & economics, 54 (4): 423-443.

YUSUKE K, 2015. Structural adjustment and social protection in the Middle East and North Africa: food subsidies in Jordan [J]. Contemporary arab affairs, 8 (1): 81-95.

后　记

本书是在我的硕士论文和博士论文的基础上凝练而成。感谢我的硕士生导师和博士生导师栾敬东教授，感谢他多年来对我的精心培养，感谢他对我硕博论文的悉心指导，从论文选题到论文最终定稿，恩师都投入了大量的时间和精力。多年来，我一直与恩师保持着亦师亦友的关系，恩师严谨的治学态度、渊博的学识和高尚的人品深深地影响着我，催我上进；恩师的不倦教诲，降低了我的浅薄程度，提高了我的科研水平。师恩浩荡，没齿难忘。

感谢国家发展和改革委员会产业经济与技术经济研究所姜长云教授、中国科技大学管理学院刘志迎教授、安徽大学经济学院蒋长流教授、安徽农业大学农学院李金才教授和经济管理学院江激宇教授，感谢他们为我的博士学位论文提出宝贵的修改意见。

感谢安徽农业大学区域农业发展博士点的前任点长黄义德教授和我博士期间的班主任林毅教授（当时任研究生院院长）。感谢他们对我——本博士点的第一个博士生无微不至的关怀和教导，感激之情，难以言表。感谢曾经给我授课的李永平老师、黄邦汉教授、许友江教授、孙志农教授、何文丽老师、江激宇教授、张士云教授等，感谢他们给我传授理论知识、优化我的理论知识结构。

感谢中国农业经济学会、中国农业技术经济学会、中国国外农业经济研究会、安徽省农业经济学会、安徽省经济学会、安徽省区域发展与规划学会的各位领导和同仁，感谢他们在学术交流中给予我诸多指导与启发。

感谢安徽农业大学前校长程备久教授，安徽农业大学前党委书记赵良庆教授、宛晓春教授，安徽农业大学江春书记、夏涛校长、马传喜常务副校长、韩军副校长、操海群副校长，皖西学院熊健书记，安徽工业大学刘新跃书记，淮北师范大学姚佐文校长，巢湖学院阮爱民副书记，安徽理工大学周旭书记，宣城市朱立军副市长。感谢安徽农业大学研究生院前院长祁克宗教授、宋燕平书记、程春凤老师、徐伟老师，组织部韩平部长、江海波副处长，人事处蔡德军处长、朱德泉副处长、李梦飞老师、任建东老师、郭振宇老师，宣传部张健部长，统战部张令峰部长，发展规划处方明处长，外国语学院方章东书记、孙志农院长，经济技术学院何如海院长，理学院毕守东院长，校办韩弥明主任，动物科技学院前院长章孝荣教授、李福宝教授、王力生教授，校工会刘惠东主席，教务处李玮副处长，新农村发展研究院前副院长张承祥，科技处周逸辛副处长、赵冠燕老师、闫大玮老师，林学与园林学院江正君书记，植物保护学院周权副院长、戴照力副书记，生命科学学院吴国卿副书记，资源与环境学院谈应权副书记，轻纺工程与艺术学院吕剑秋副书记。感谢他们对我博士学业、教学科研和行政管理工作的关心与帮助。

感谢安徽农业大学经管学院前书记王伟教授、前院长栾敬东教授，以及安徽农业大学经济管理学院孙超书记、倪健副书记、王瑞副院长等学院领导班子成员，感谢他们对我博士学业和工作的关心、支持和帮助。感谢安徽农业大学经管学院吴荣老师、李红珍老师、成霄霞老师、杨诚老师、金春林老师、孟祥信老师、杨金丹老师、黄伟老师、沈泽阳老师、许晓春老师、王磊老师、於忠祥老师、尹宗成老师、肖双喜老师、孟枫平老师、田涛老师、王晓润老师、陈浩老师、邹能锋老师、赵建东老师、蔡俊老师、陆彦老师、於冉老师、张藕香老师、李邦熹老师、徐若梅老师、王艳荣老师、梅莹老师、李广梅老师、俞飞老师、杜宇能老师、丁雨莲老师、沈洁老师等各位同事，以及施海波博士、徐泽宇博士、宋浩楠博士，感谢他们在本科教学、成人教育、行政管理、科研及社会服务等方面为我分担大量事务和提供较多支持，使我有较充裕的时间完成学位论文及本书写作。感谢安徽农业大学经济管理学院这个集体，给了我一个和谐的人文环境，使我能够舒心地学习和工作。感谢陶晓、谈应权等各位博士班同学，感谢他们在学业上给我提供的帮助与照顾。感谢李乾、蔡锷、陈栋、韩玥、汪浩、肖雷、朱慧慧、丁银银、毛双、周航、吕长勇、方振、孙康、周云、张文娟、黄靖辉、尹路等各位我指导的硕士研究生在资料收集及文稿校对方面所作的贡献。

感谢安徽省农业农村厅汤高平总农艺师、汪建华副处长、杨亚明处长、查斯红副处长、崔艺志副处长，黄山市张正竹副市长，阜阳市郑久坤副市长，六安市农业农村局赵权局长、方良朋副局长，合肥市农业农村局肖波副局长，旌德县旌阳镇人大钱高潮主席，桐城市农业农村局陈联副局长，裕安区农业农村局管兵副局长，金安区农业农村局吴俊强副局长、方道全副局长，颍上县农业农村局王冠军副局长，桐城市晓棚村华五元书记、李甘民书记等各位领导，感谢他们对我开展相关调查研究提供的大力支持。

感谢江家荣、尤德胜、黄世祥、许翔飞、徐飞、李靖、程杰、张明、陈风波、方国武、尹晓稳等各位前辈和挚友，感谢他们对我科研等各方面的大力支持。

感谢我已经仙逝的爷爷、奶奶和父亲，年过古稀的母亲和岳父、岳母，感谢他们的养育之恩及对我的学业和事业发展的充分关注和支持；感谢我的爱人王东红女士，感谢她为我的学业和事业发展所作出的巨大牺牲和无微不至的关爱；感谢我亲爱的女儿刘月扬，我虽然不能花太多时间去照顾她，但她却时时给我以快乐和动力；感谢我的妹妹刘亚丽女士等各位亲友对我的关爱与鼓励。还有很多曾帮助过我的领导、同事和学生，在此一并感谢！

最后，特别感谢中国农业出版社的支持和帮助，使《我国主要粮食补贴政策效应及调整完善研究——基于“黄箱”补贴视角》一书能及时出版，以精美的装帧和高质量的编排呈现给读者。

刘鹏凌

2020年9月

图书在版编目（CIP）数据

我国主要粮食补贴政策效应及调整完善研究：基于“黄箱”补贴视角 / 刘鹏凌著．—北京：中国农业出版社，2020.9

ISBN 978-7-109-27266-8

Ⅰ.①我…　Ⅱ.①刘…　Ⅲ.①粮食－政府补贴－财政政策－研究－中国　Ⅳ.①F812.0②F320

中国版本图书馆 CIP 数据核字（2020）第 167011 号

中国农业出版社出版

地址：北京市朝阳区麦子店街 18 号楼

邮编：100125

责任编辑：潘洪洋　　文字编辑：肖　杨

版式设计：杜　然　　责任校对：吴丽婷

印刷：北京中兴印刷有限公司

版次：2020 年 9 月第 1 版

印次：2020 年 9 月北京第 1 次印刷

发行：新华书店北京发行所

开本：720mm×960mm　1/16

印张：12

字数：180 千字

定价：52.00 元
